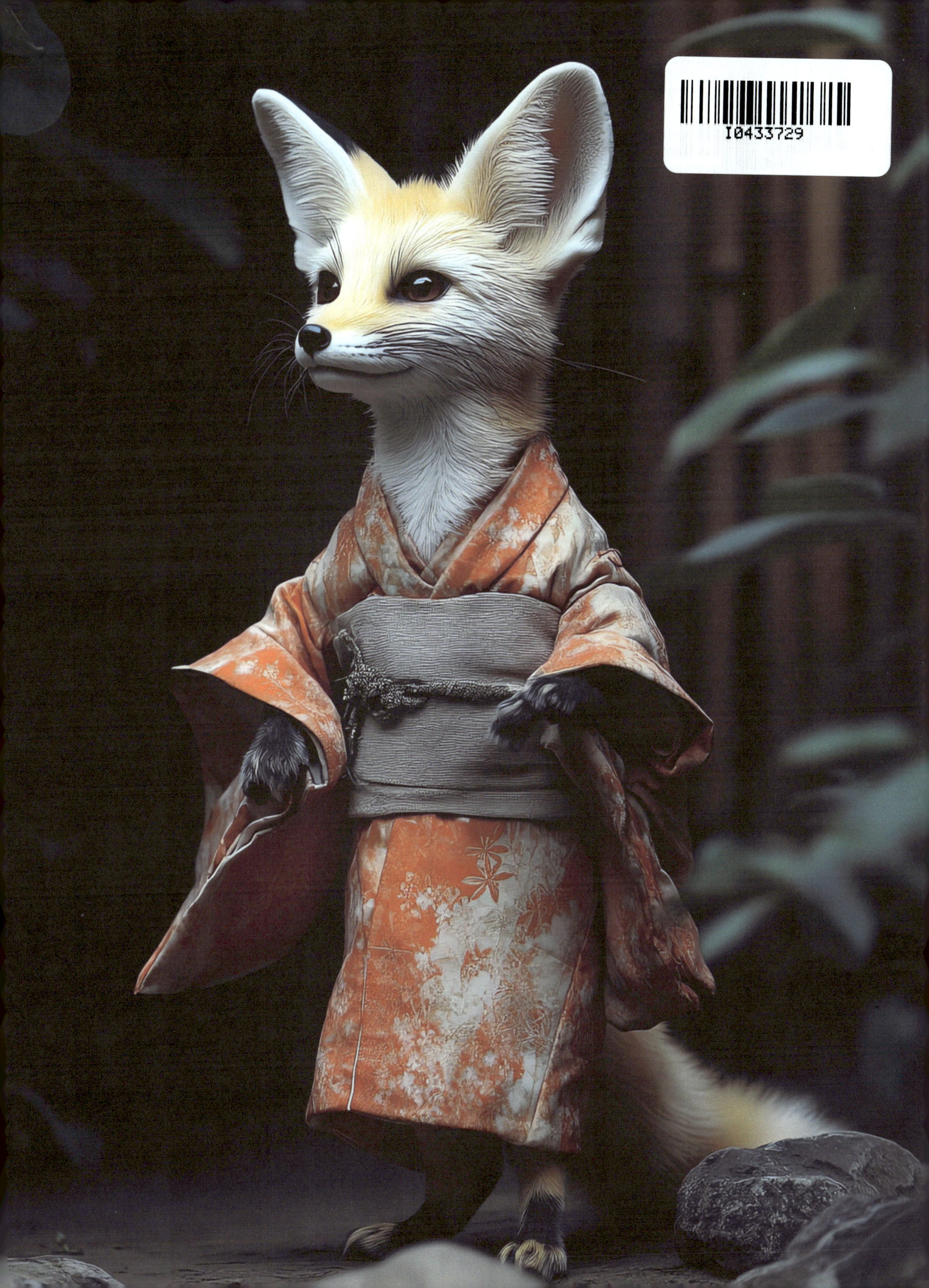

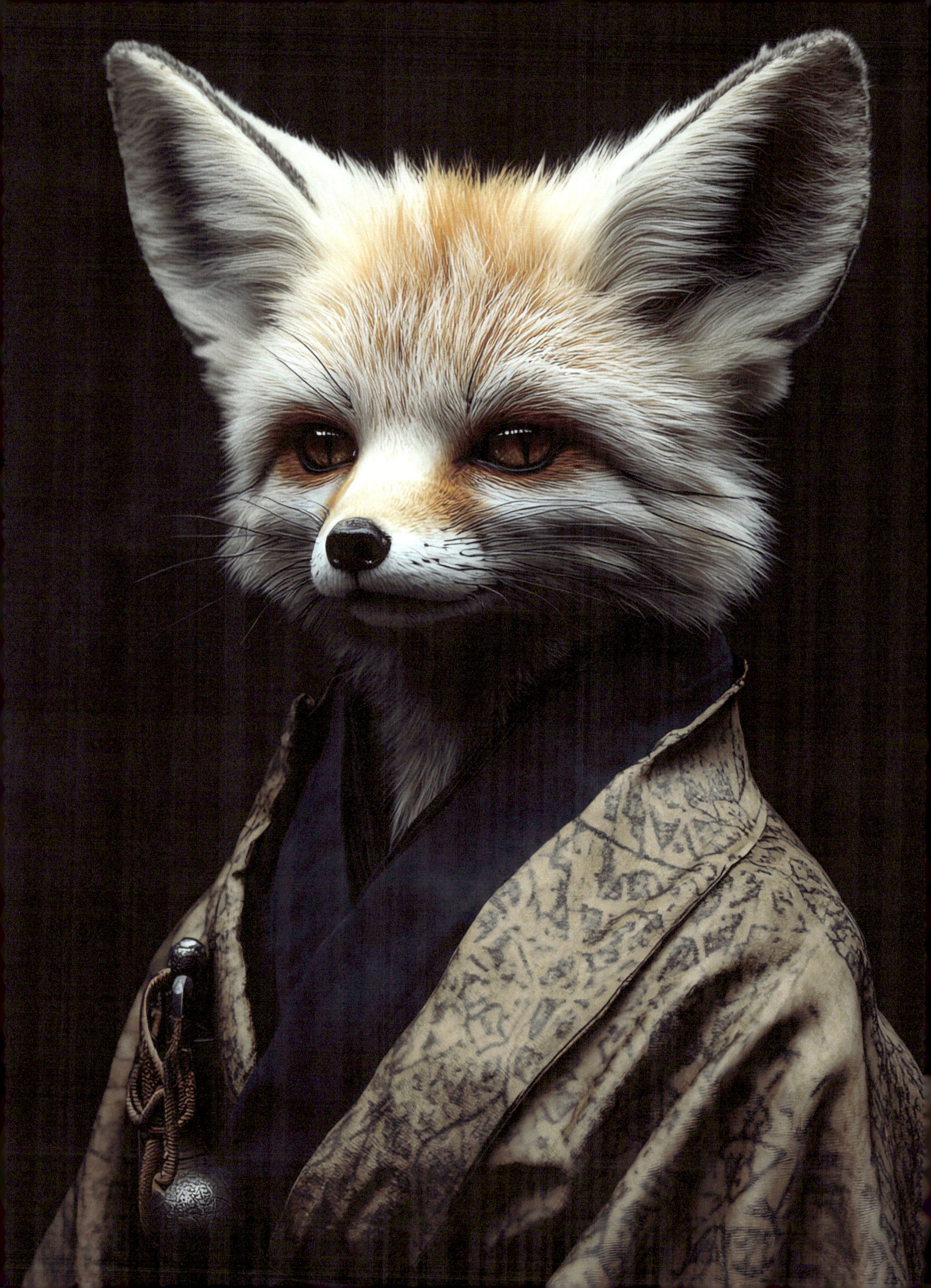

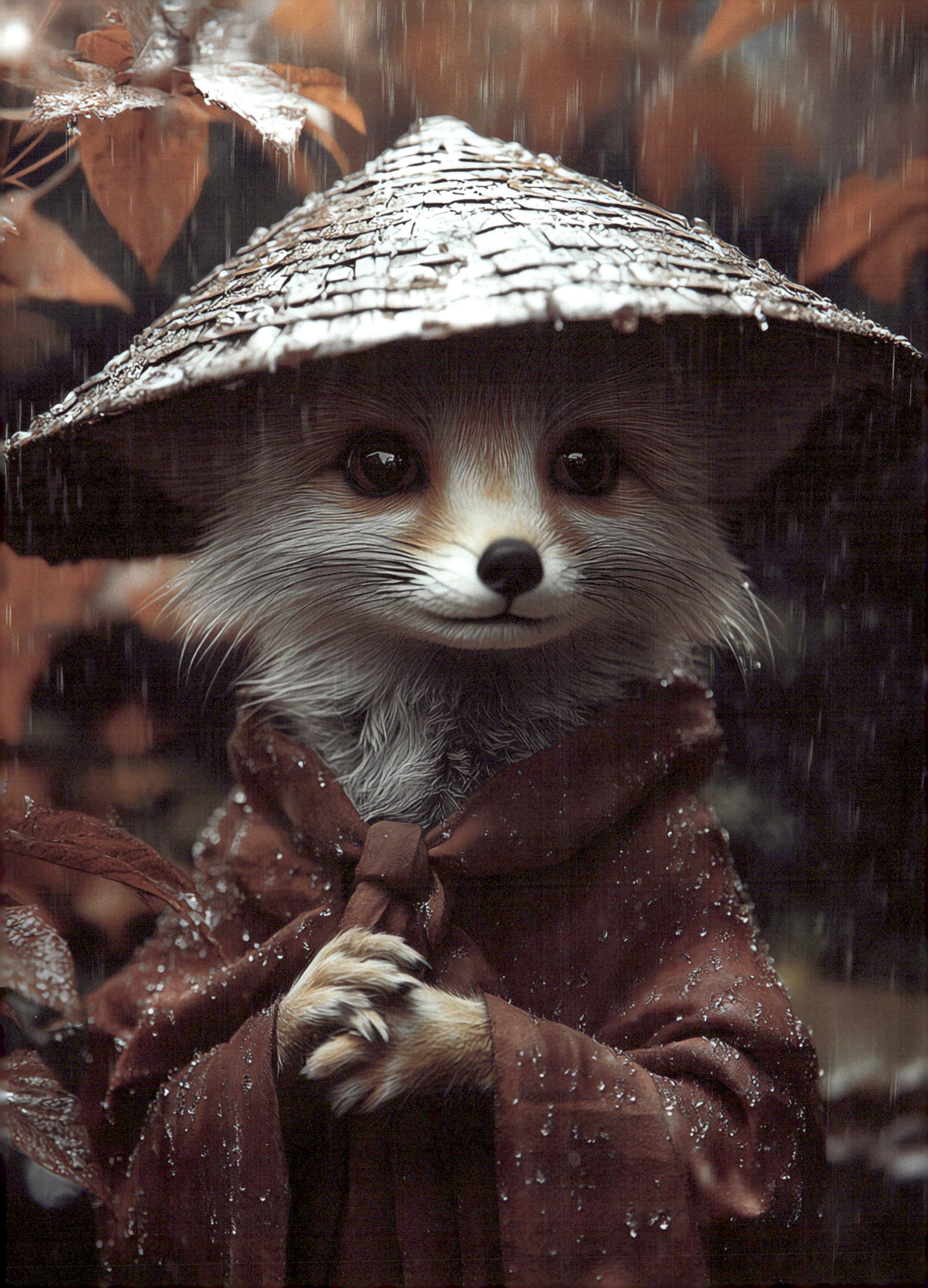

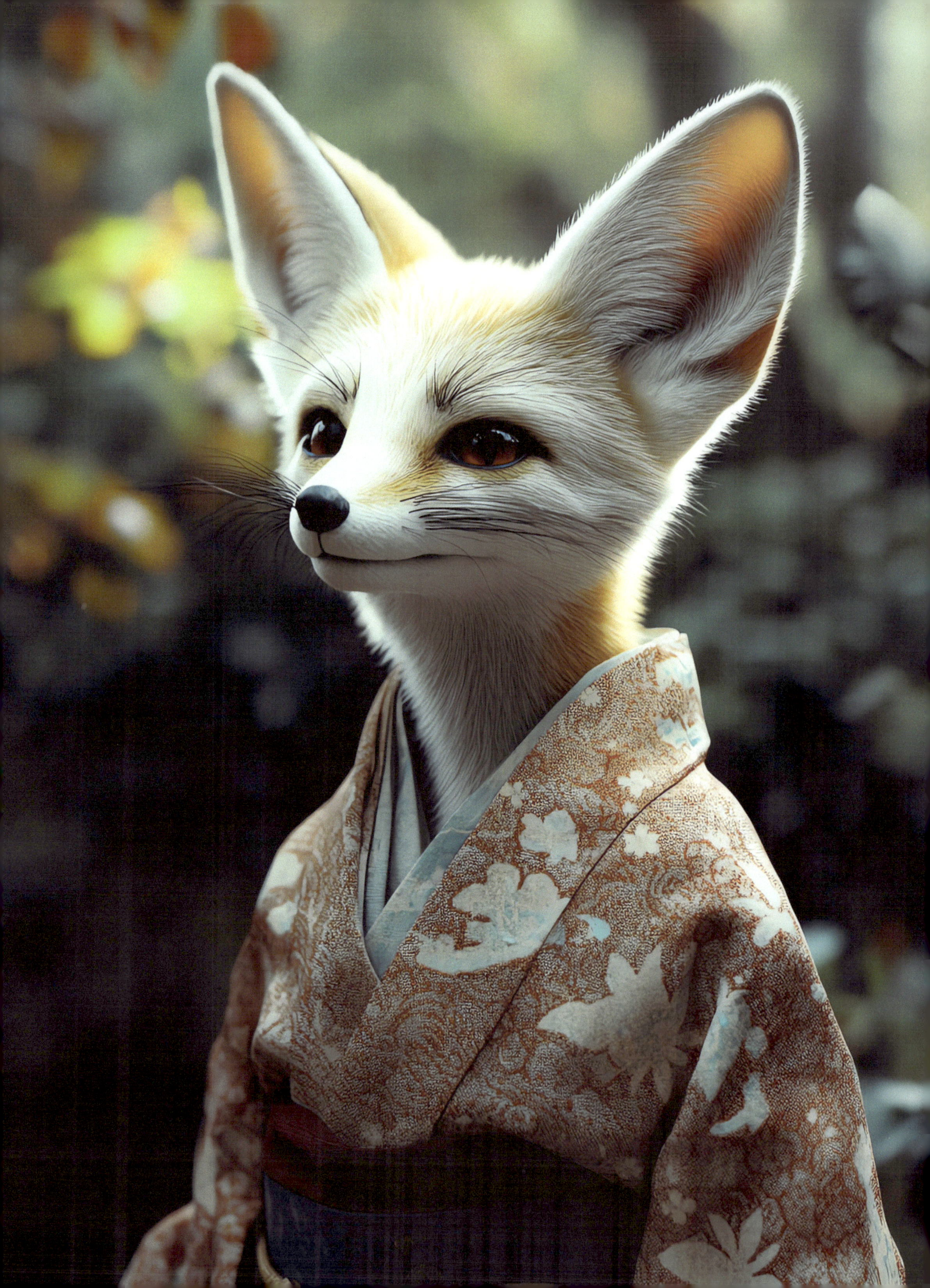

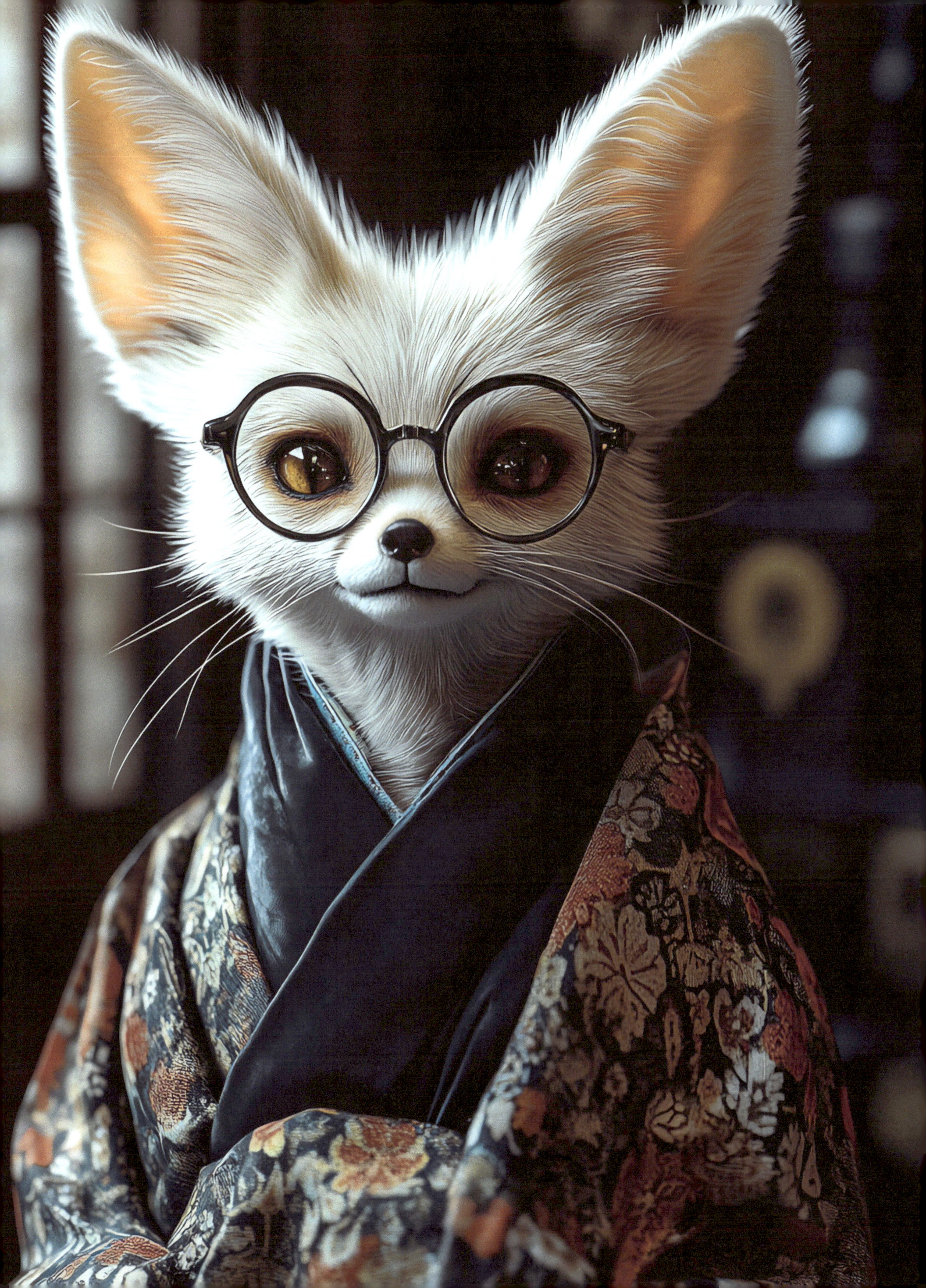

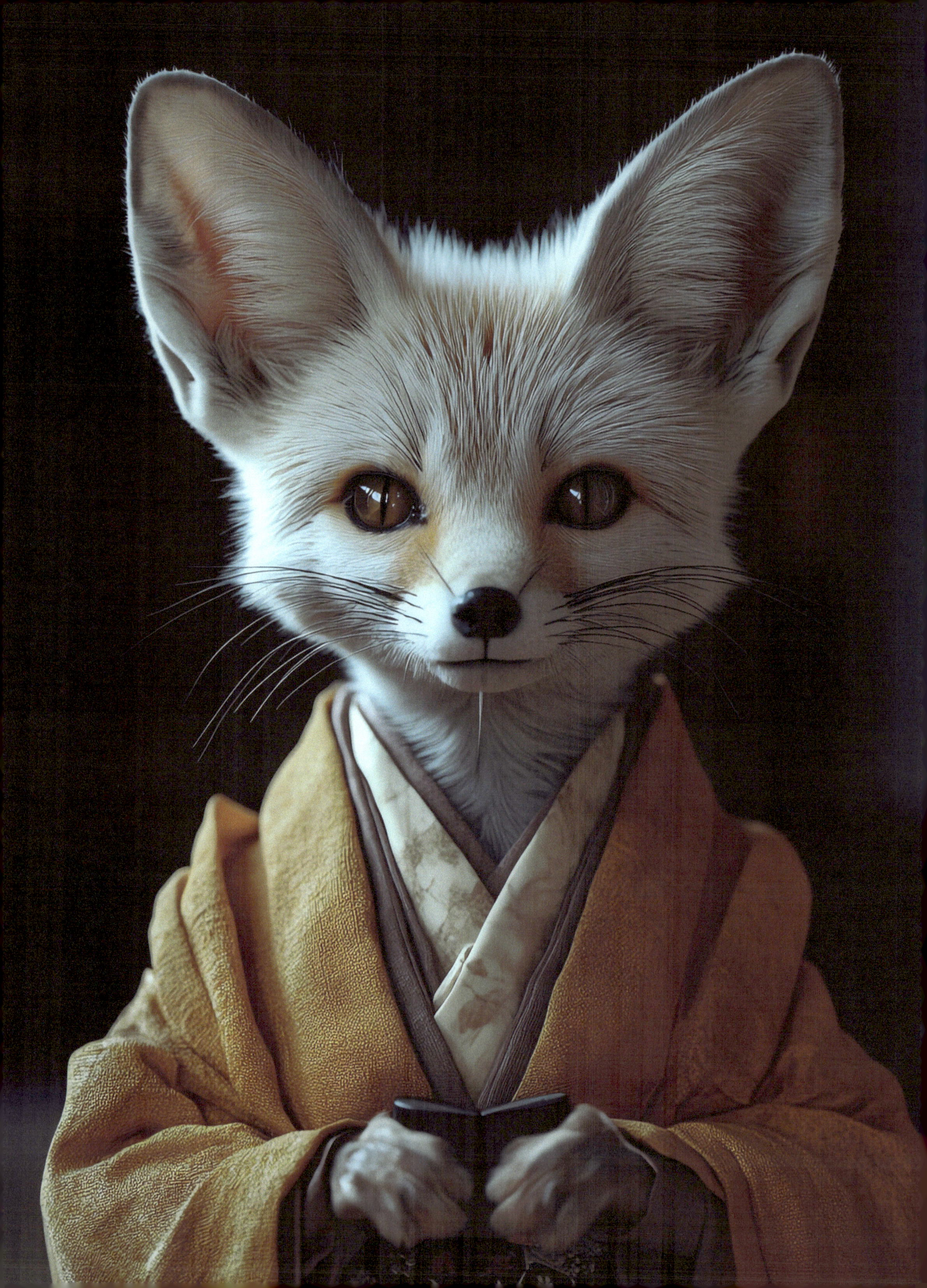

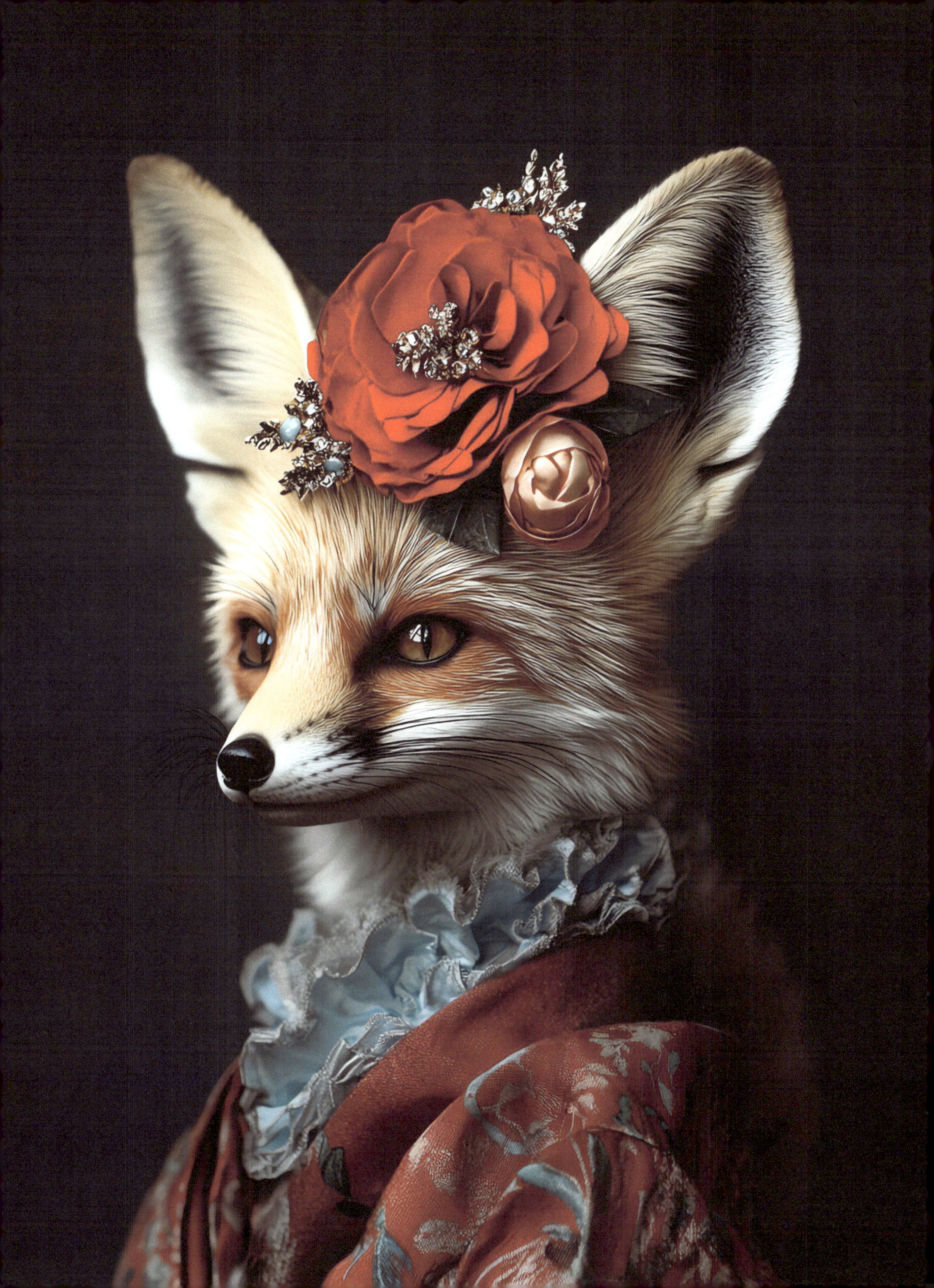

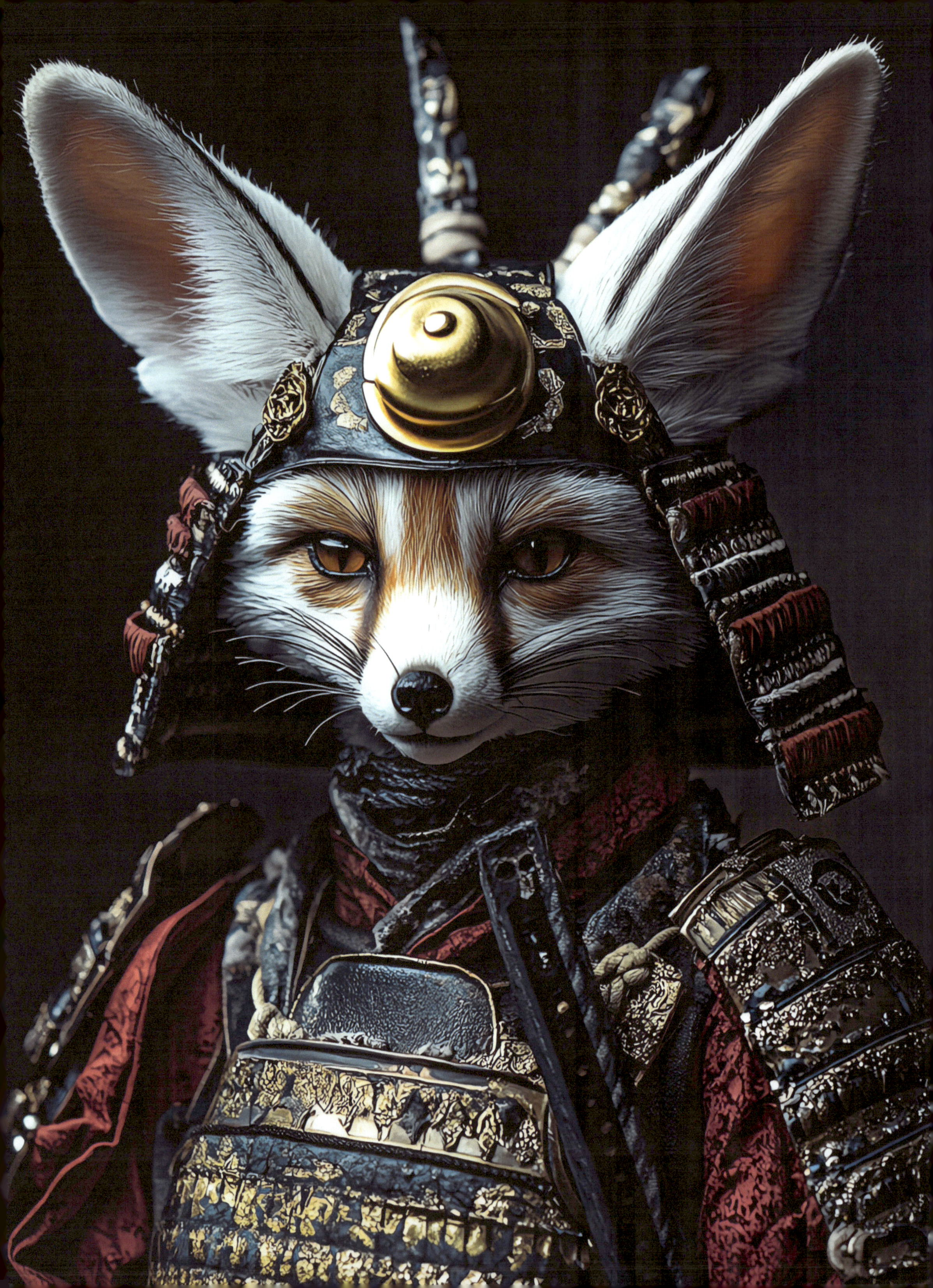

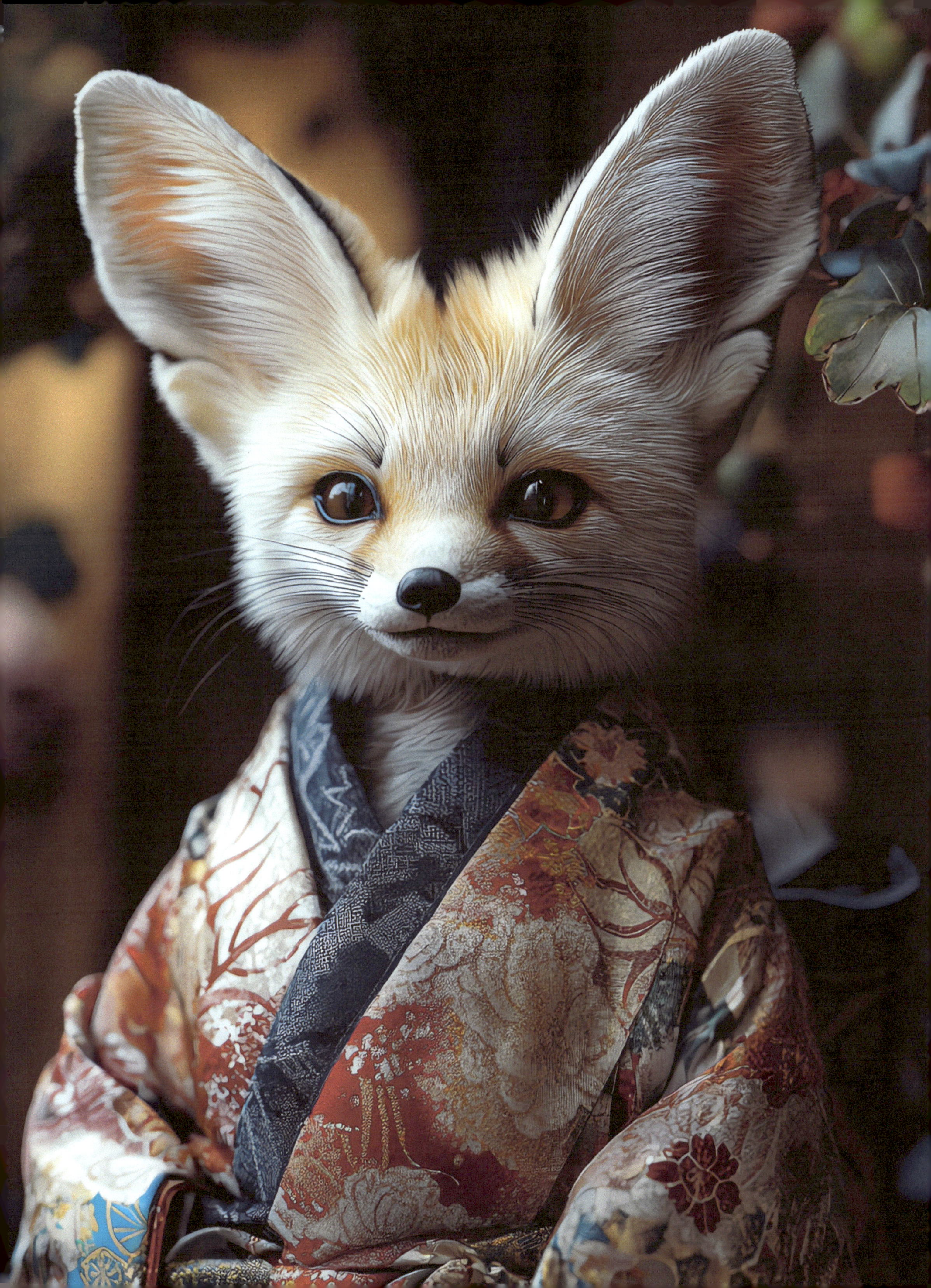

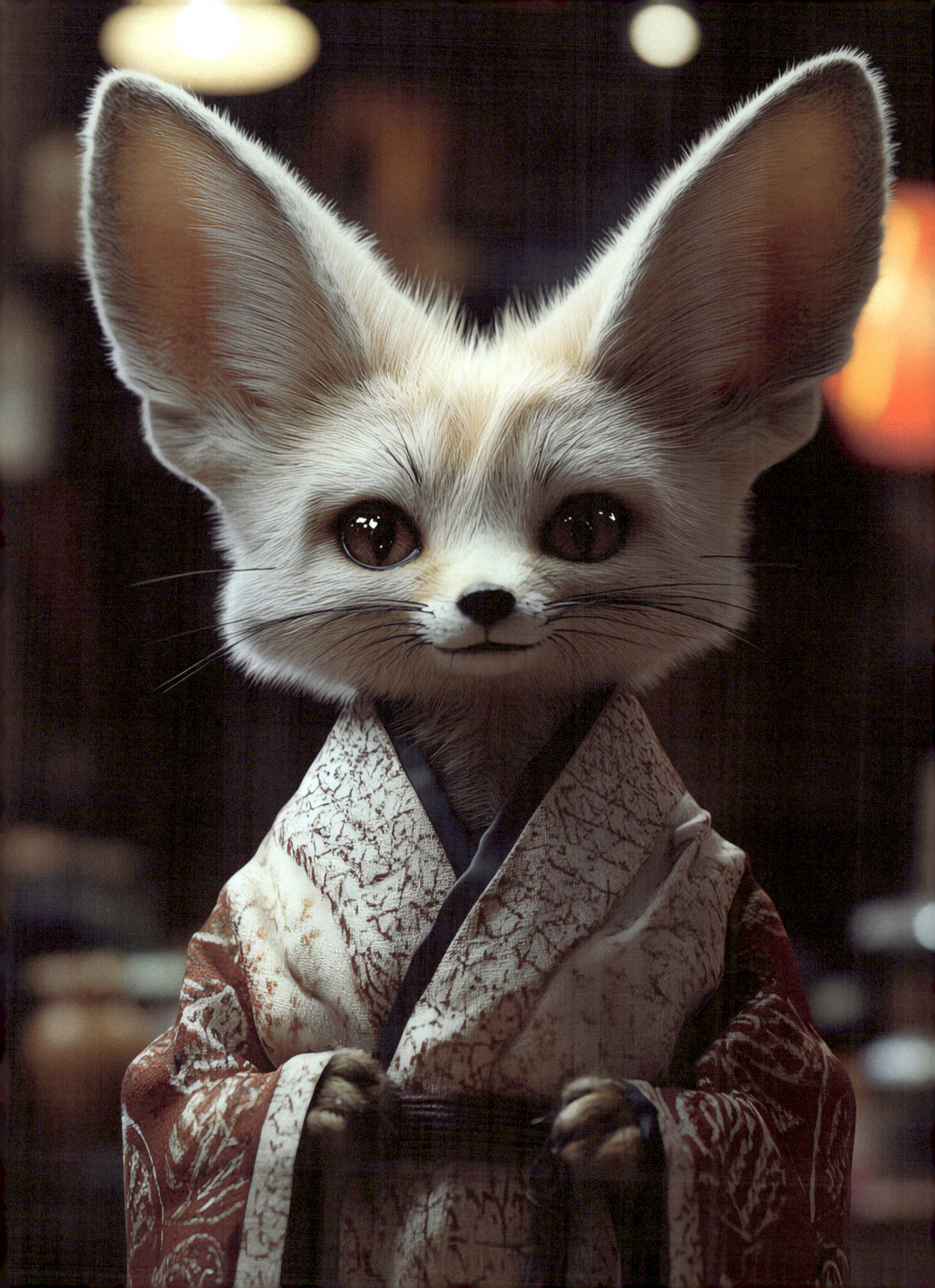

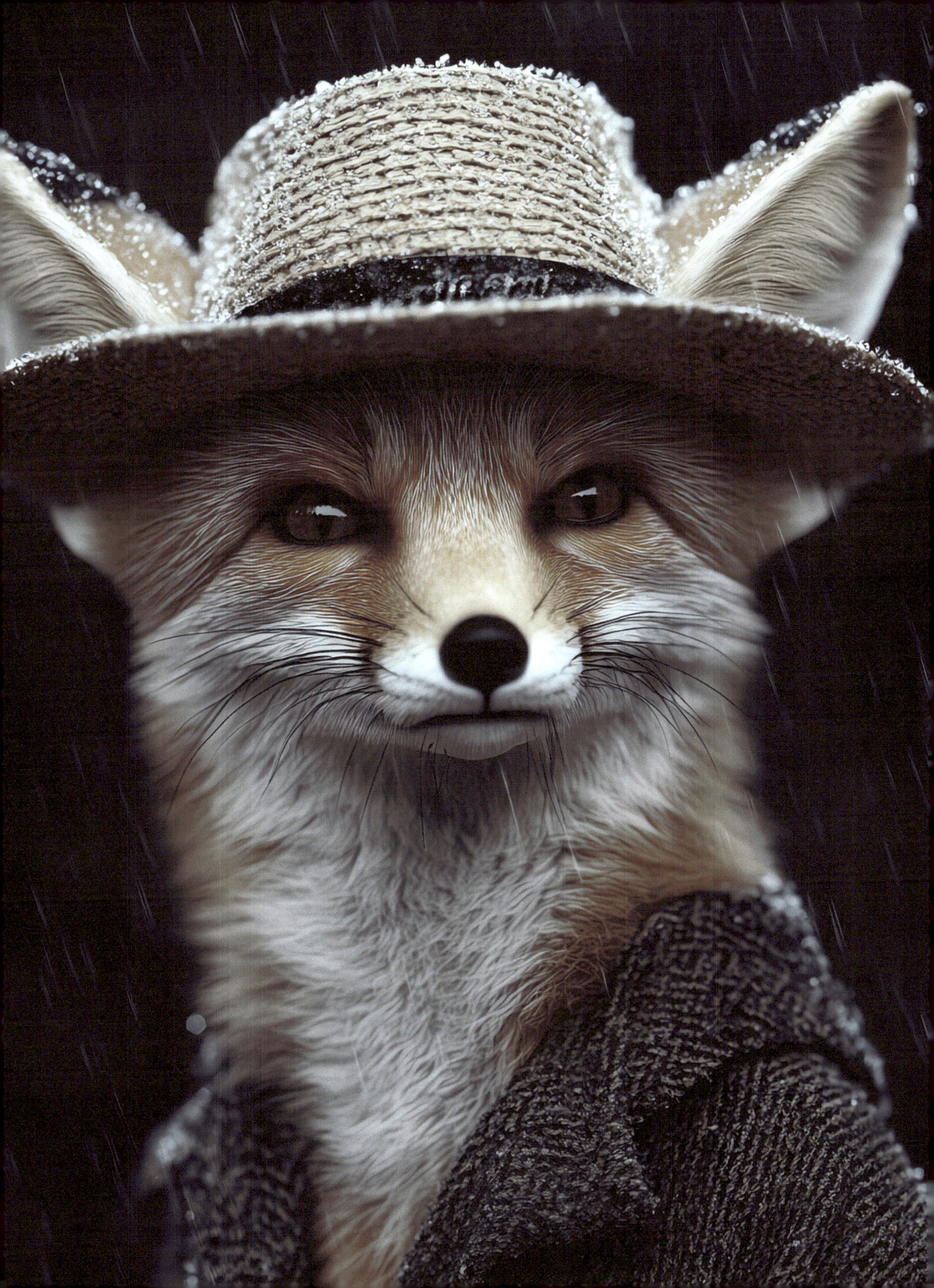

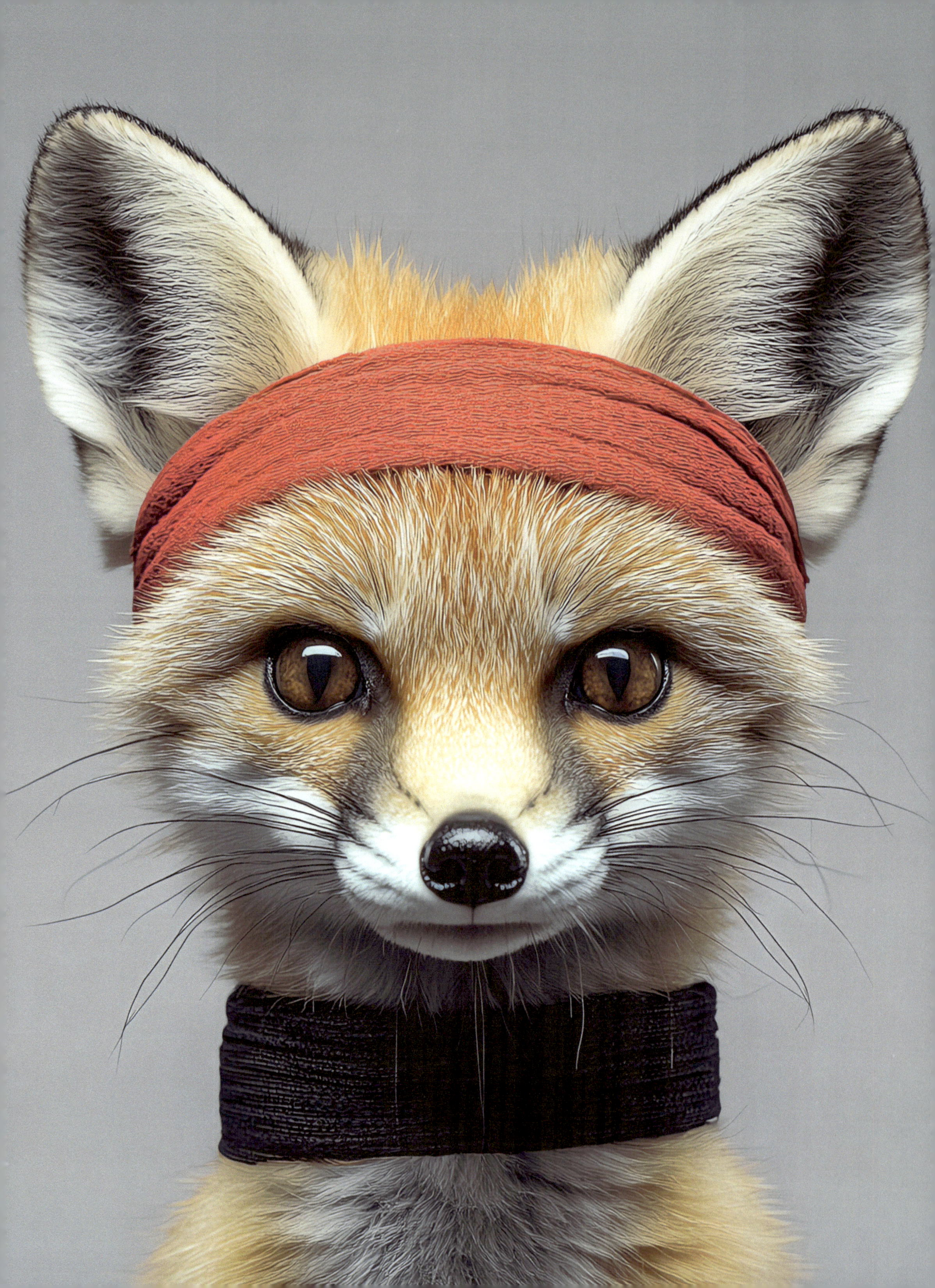

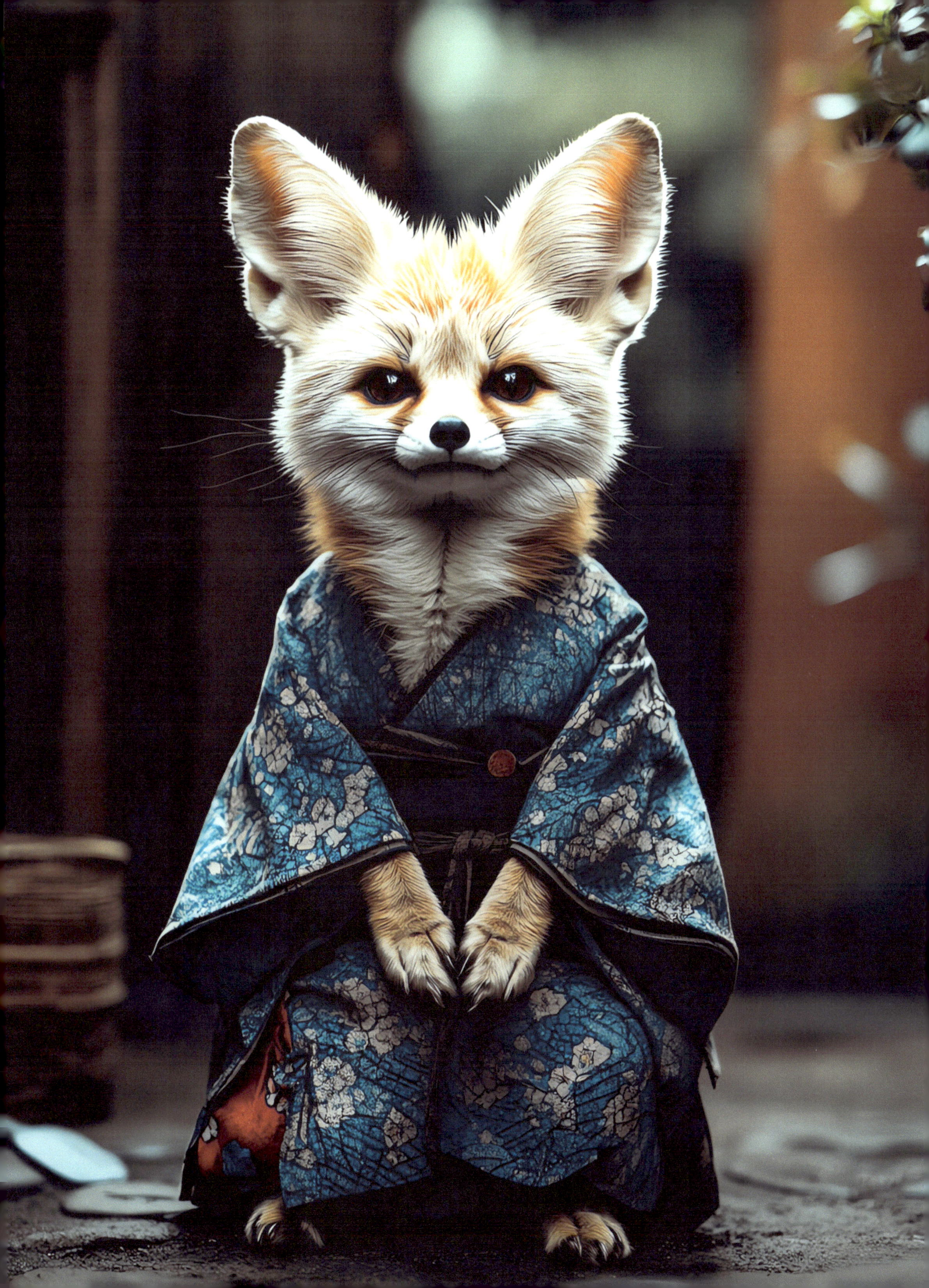

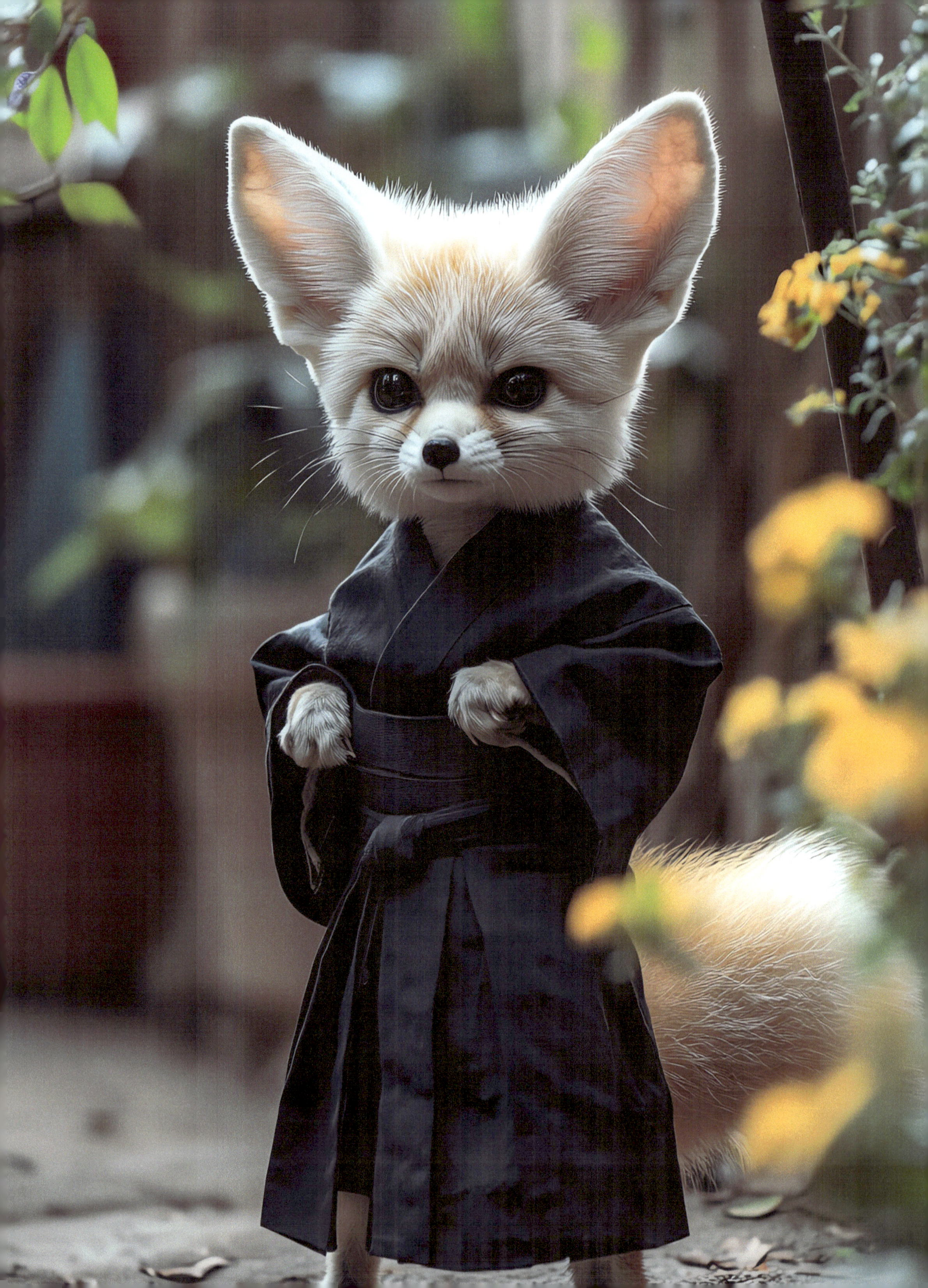

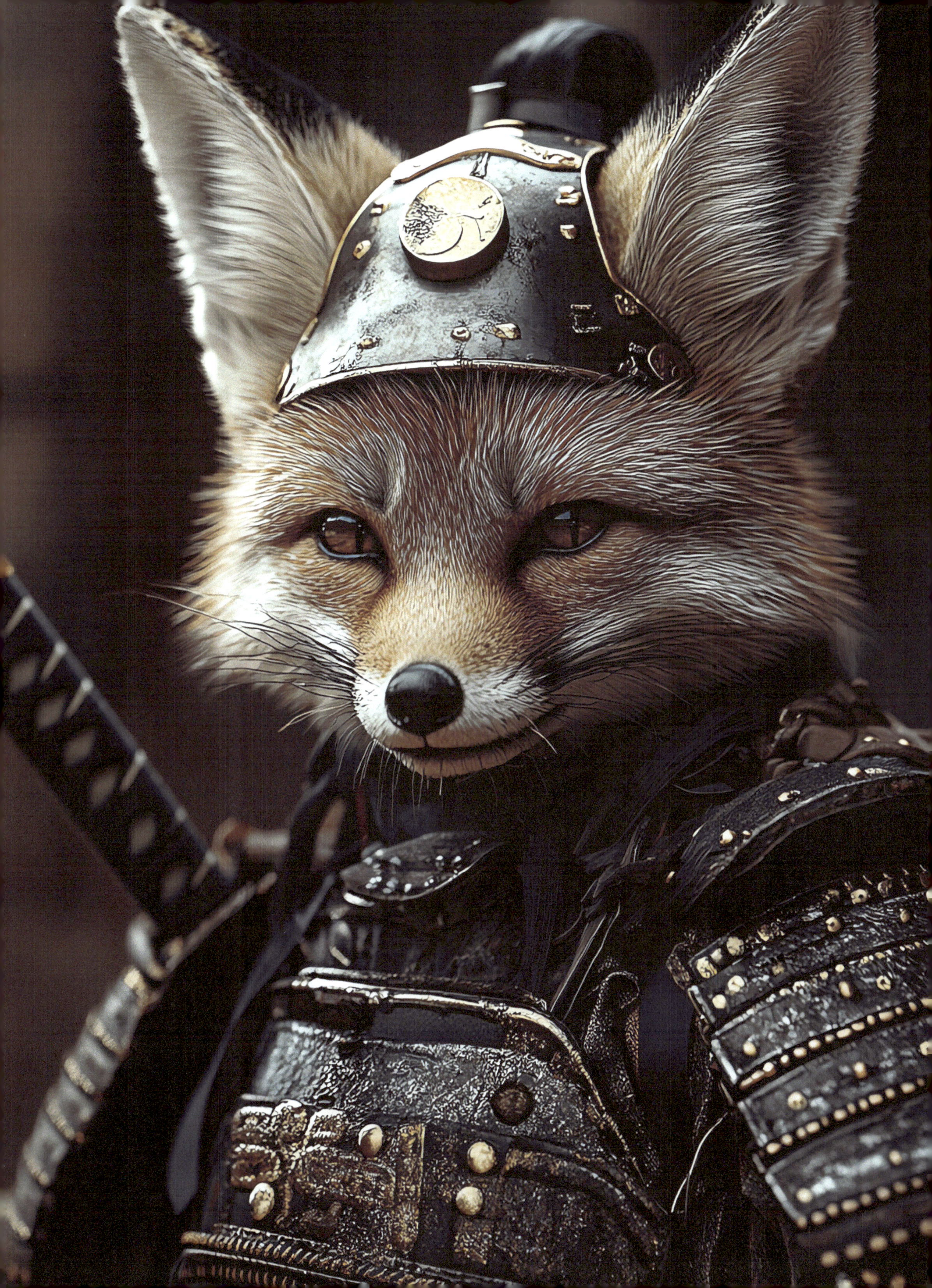

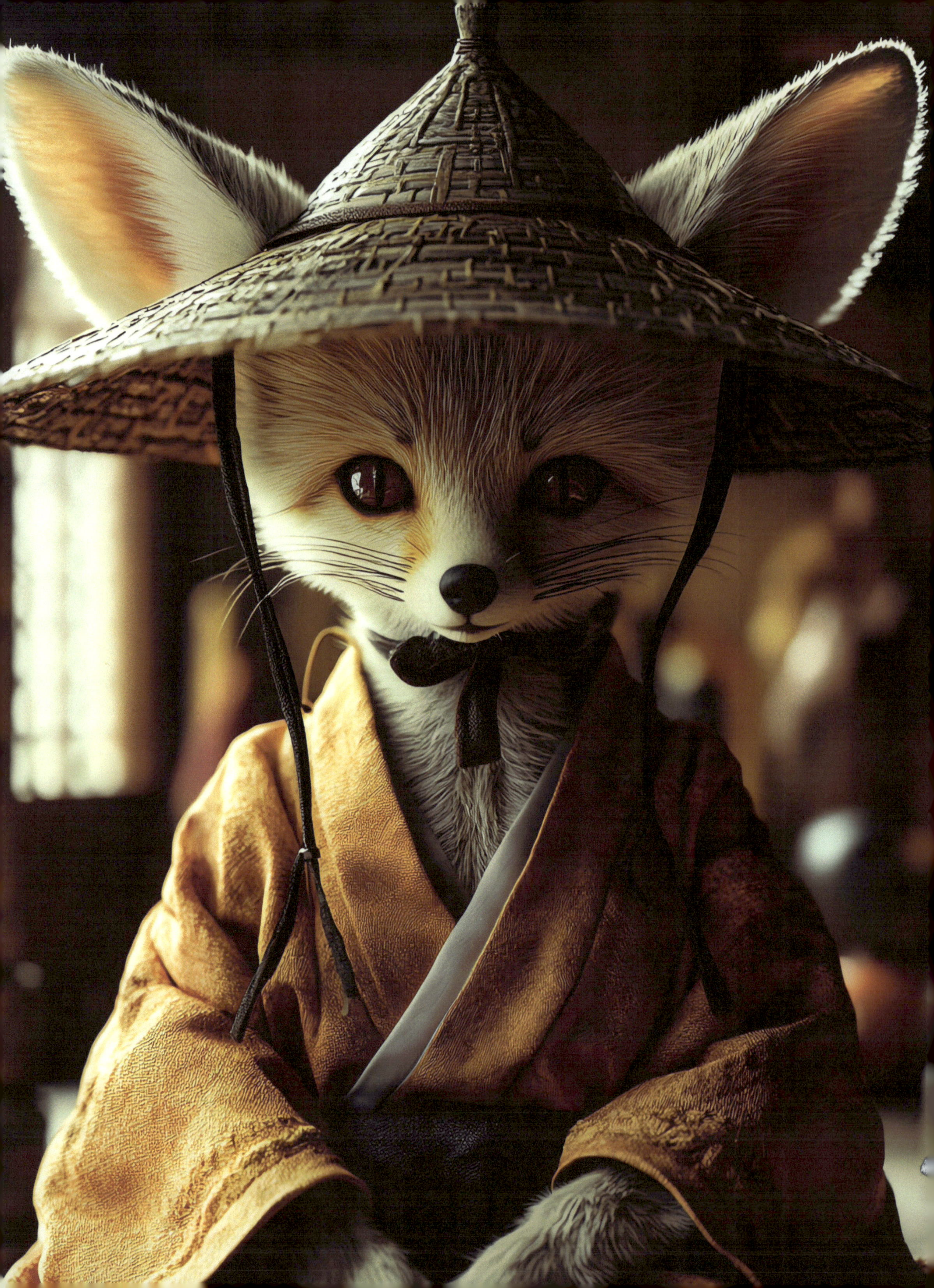

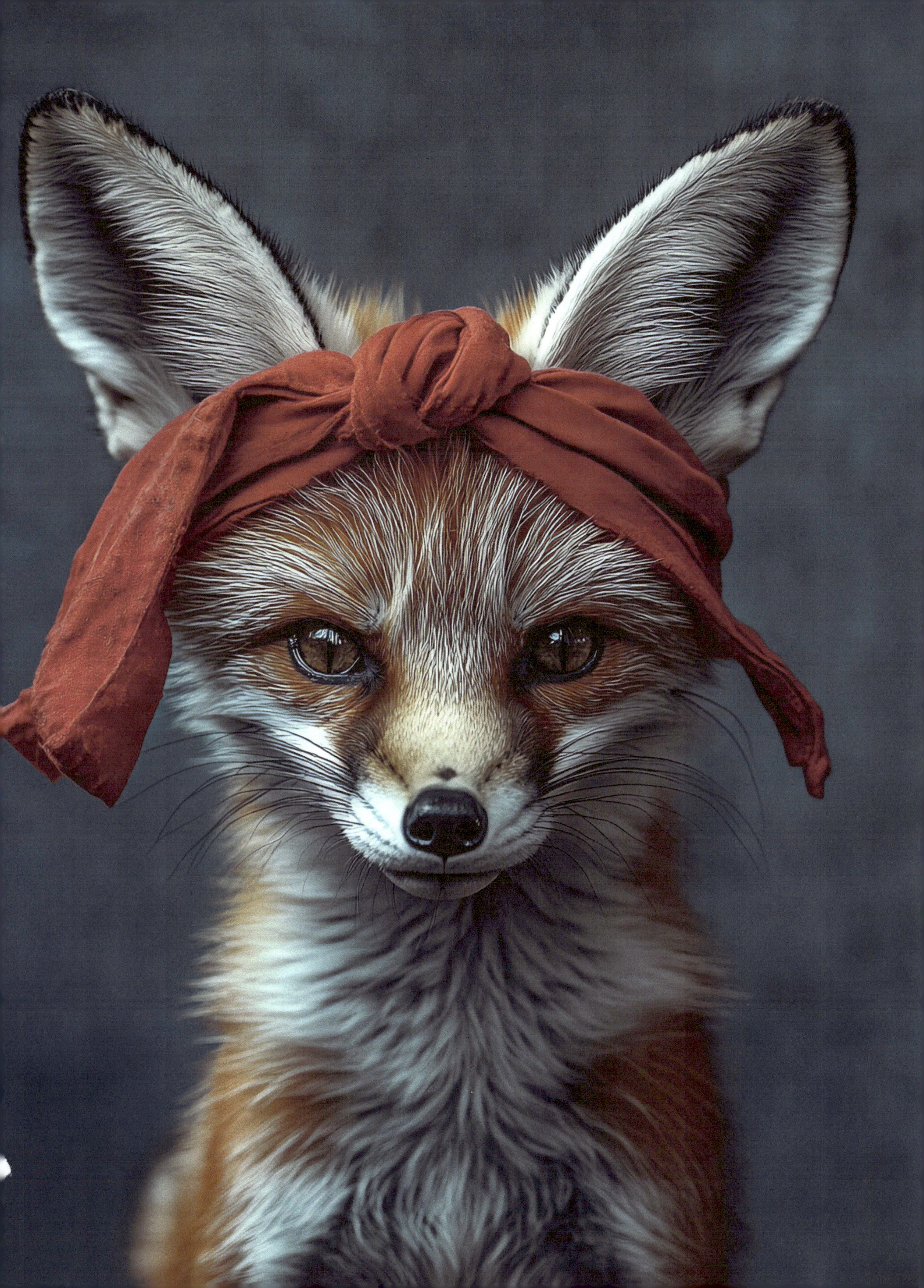

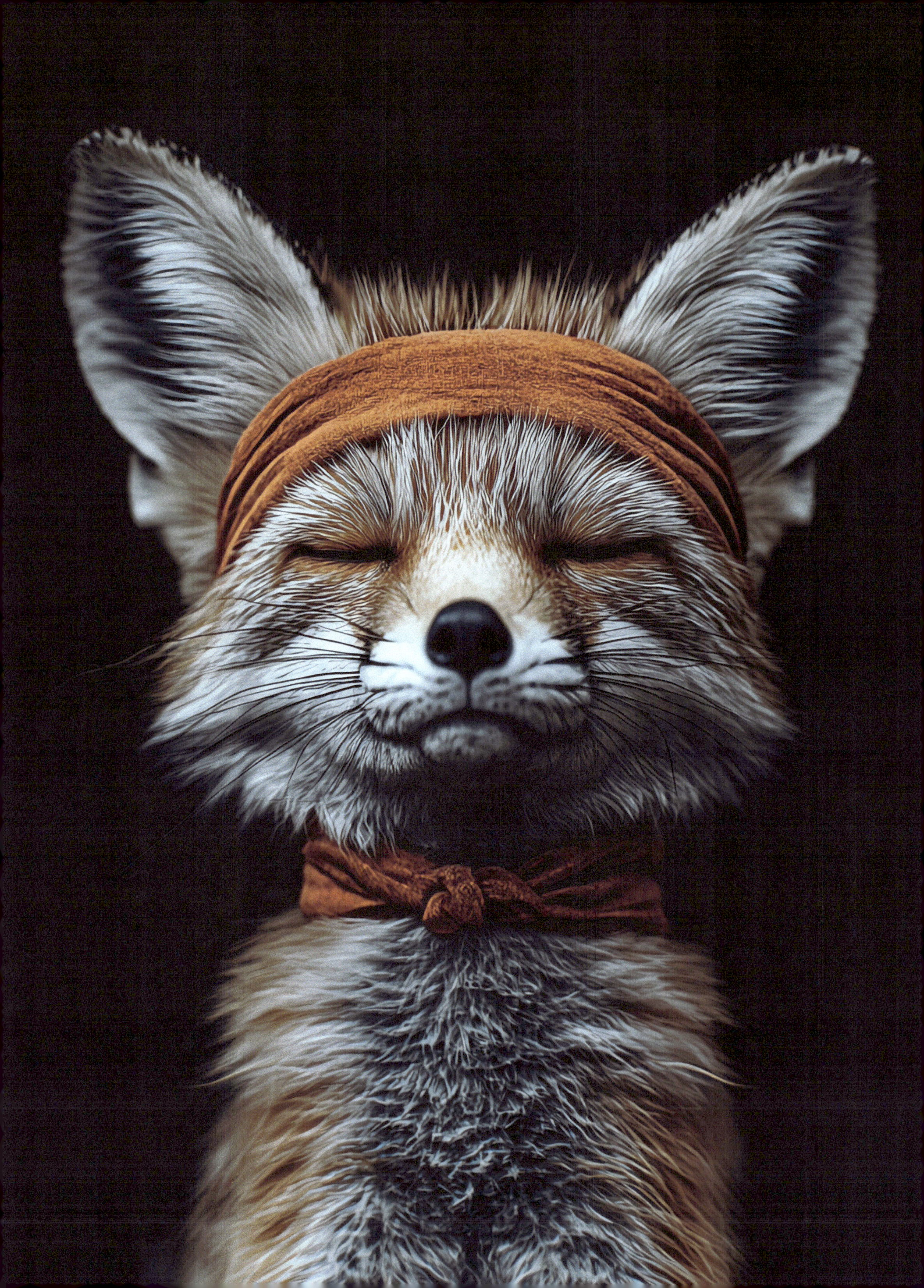

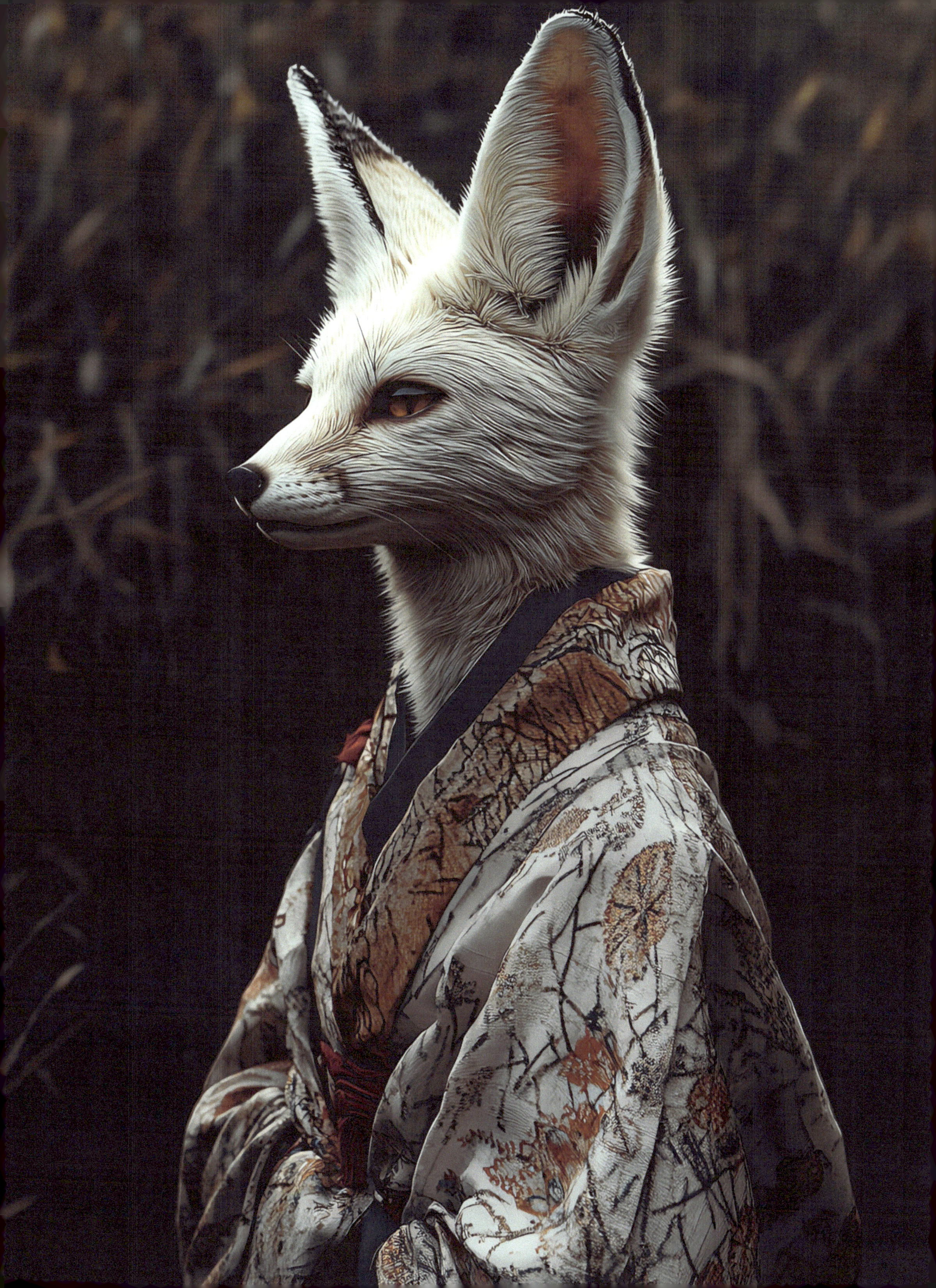

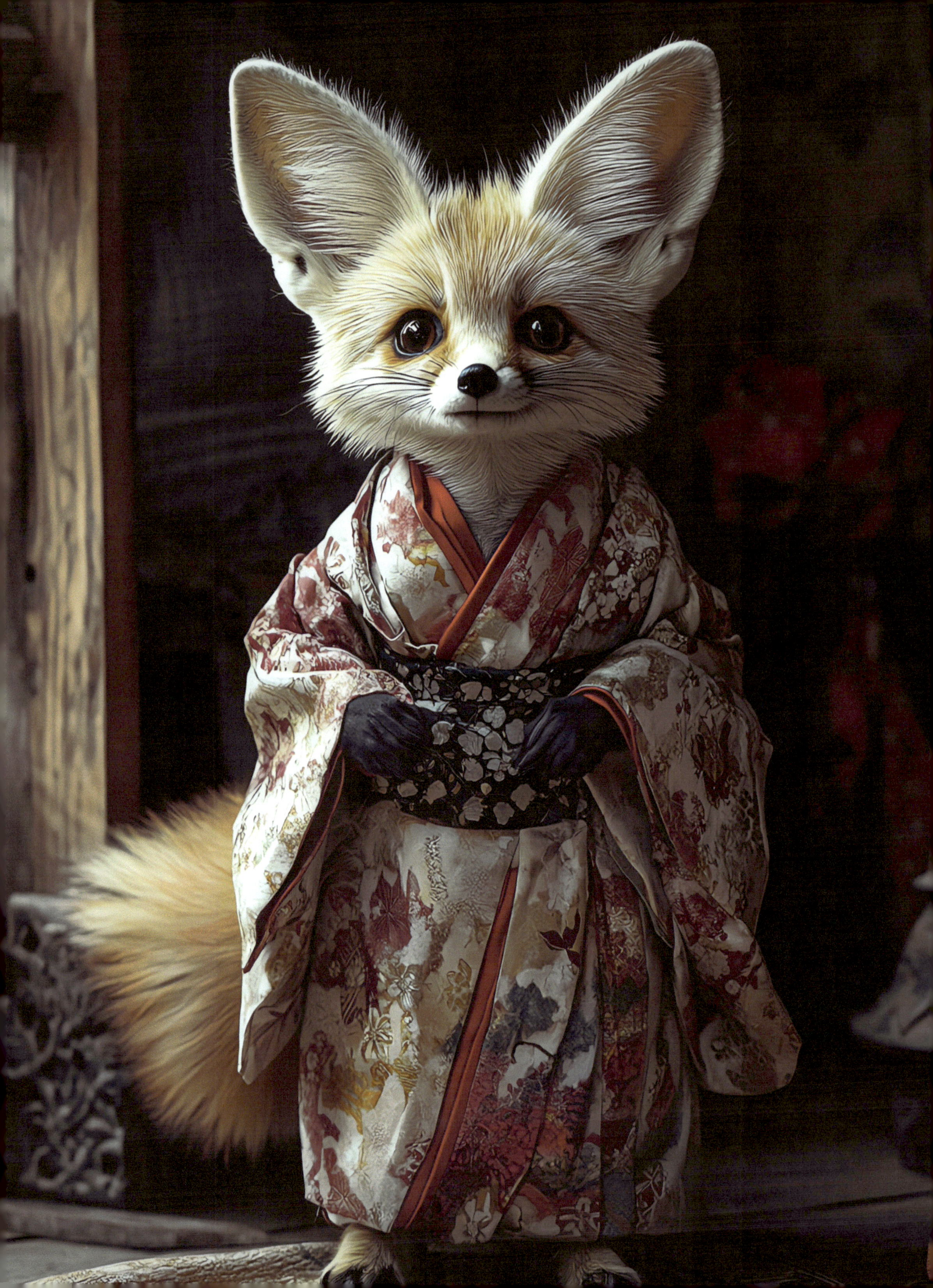

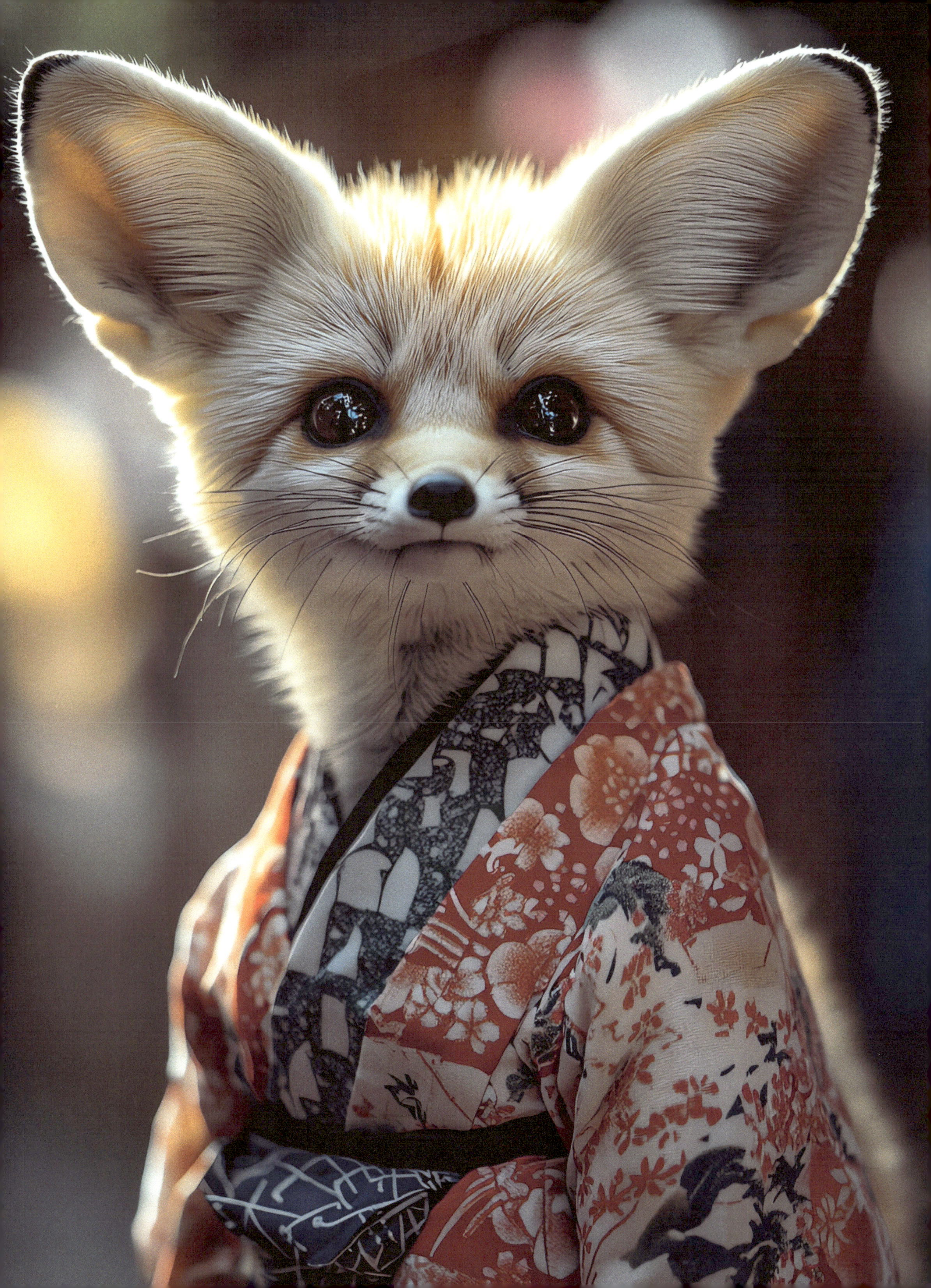

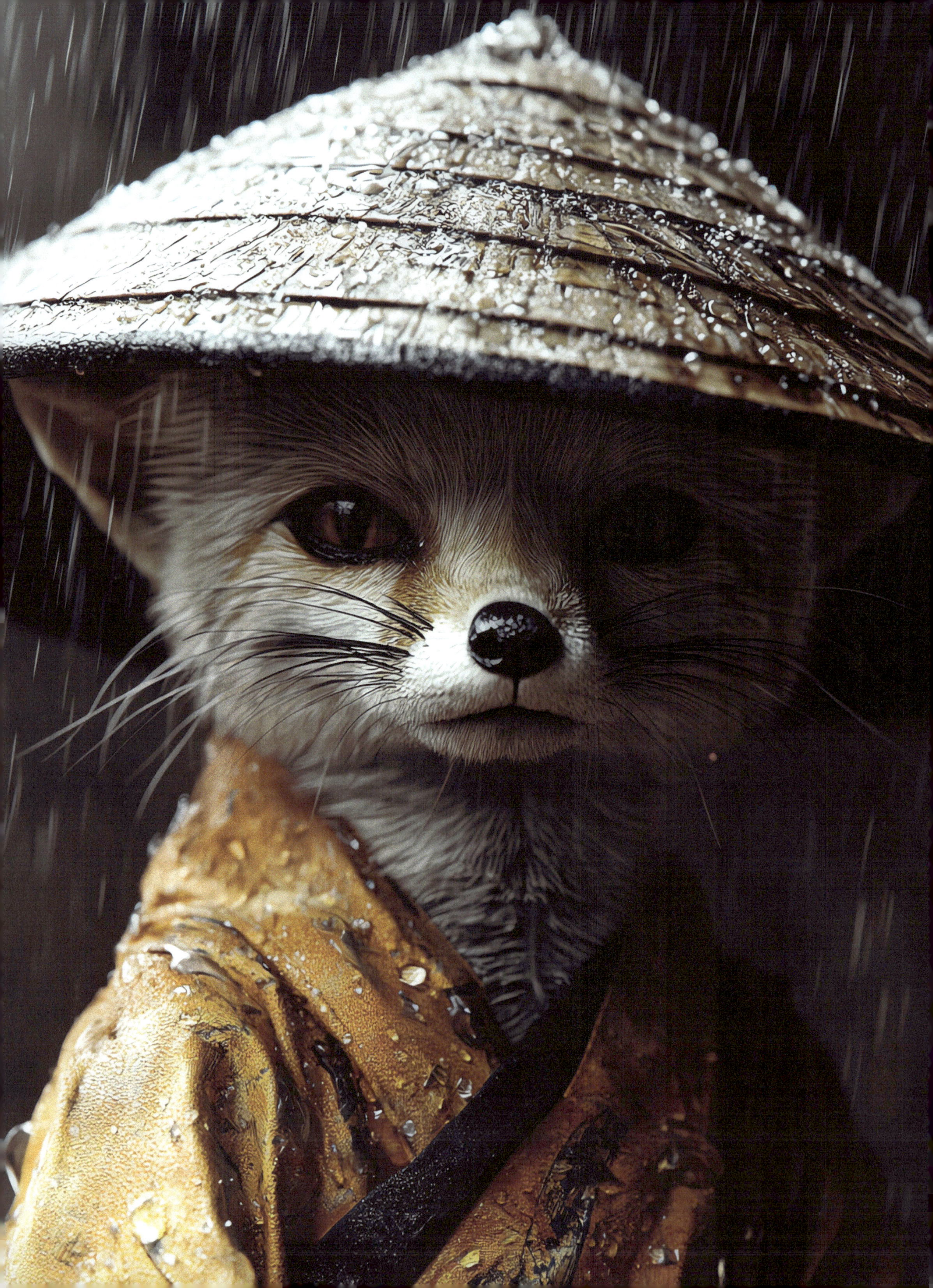

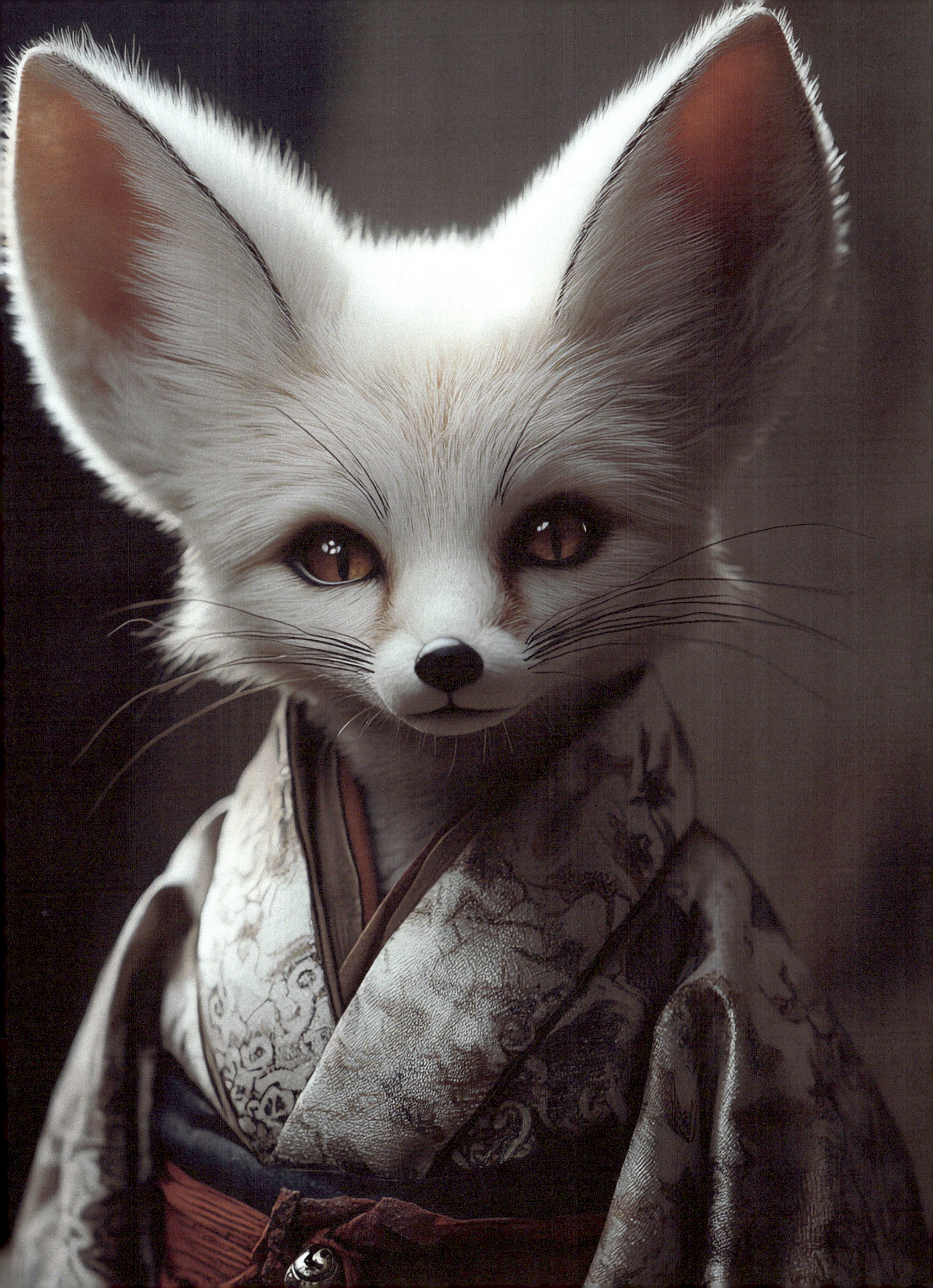

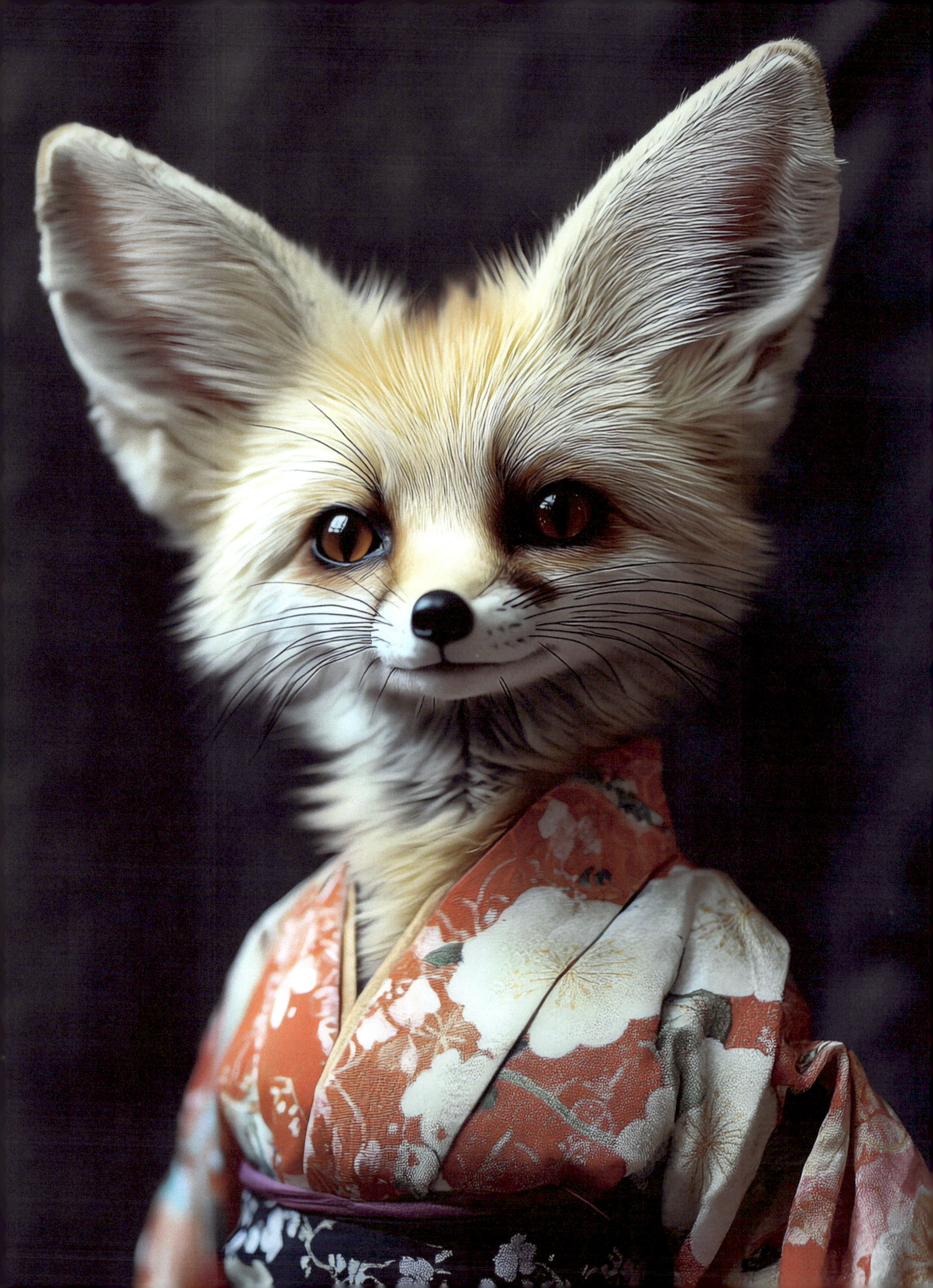

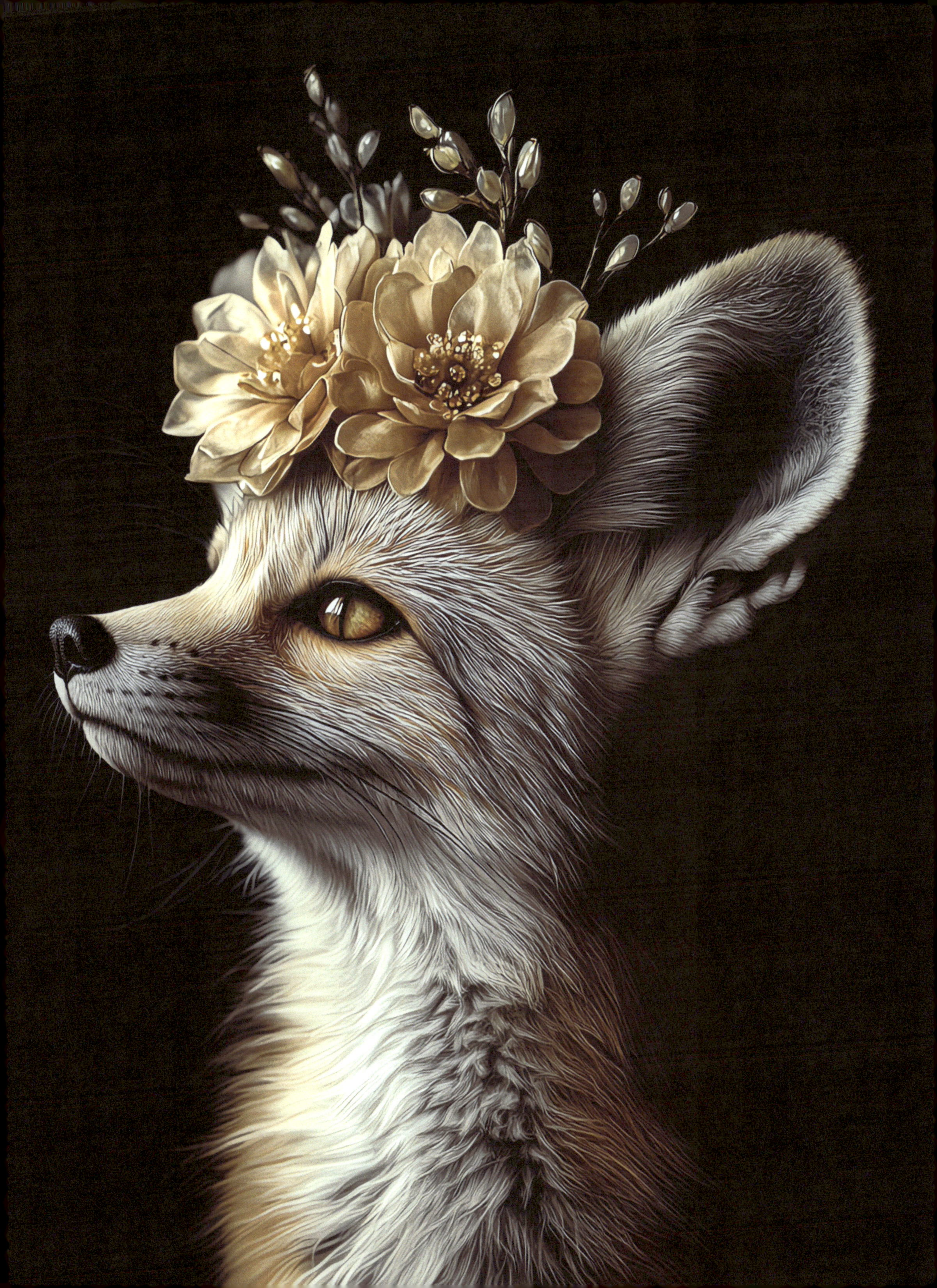

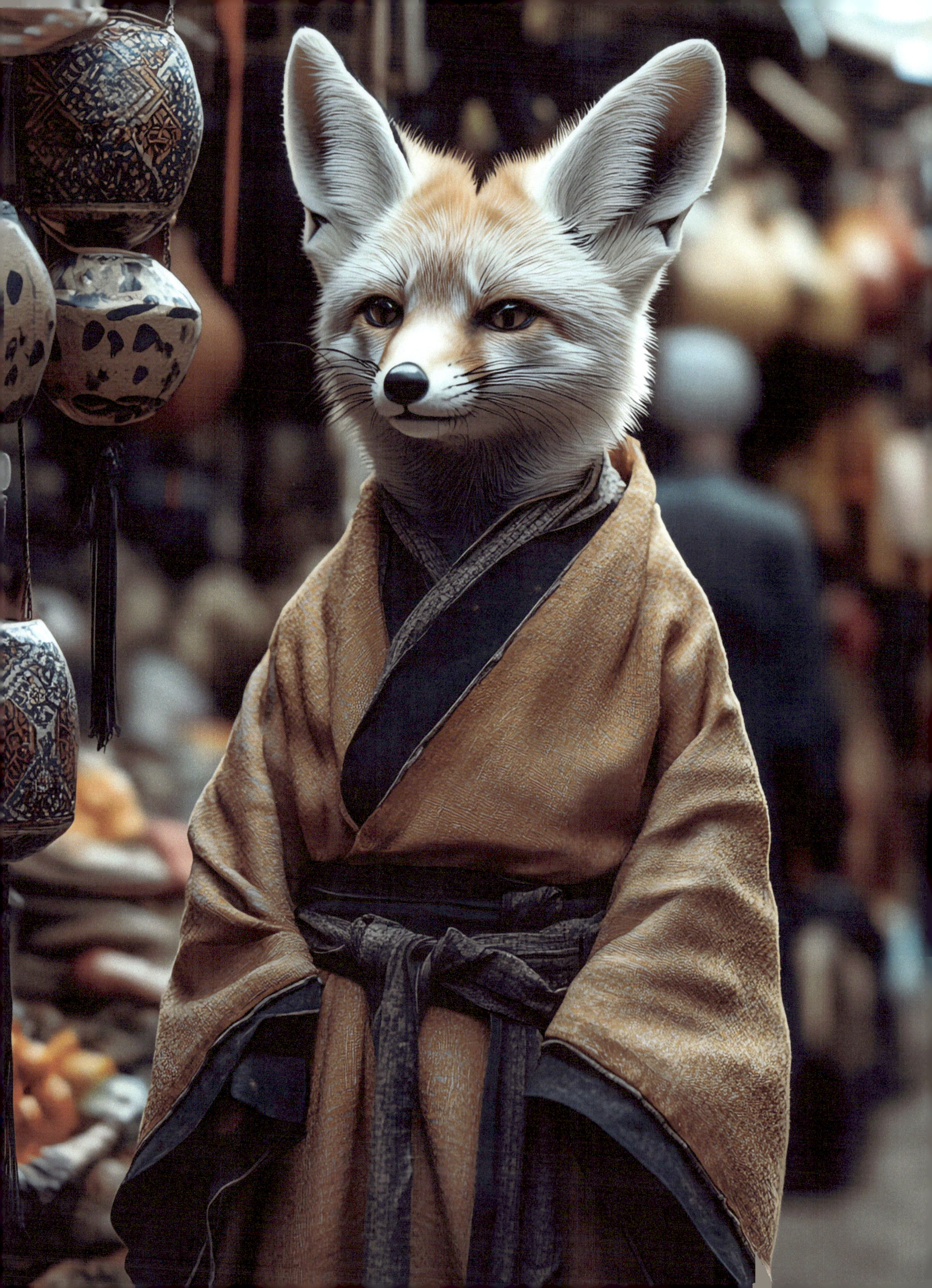

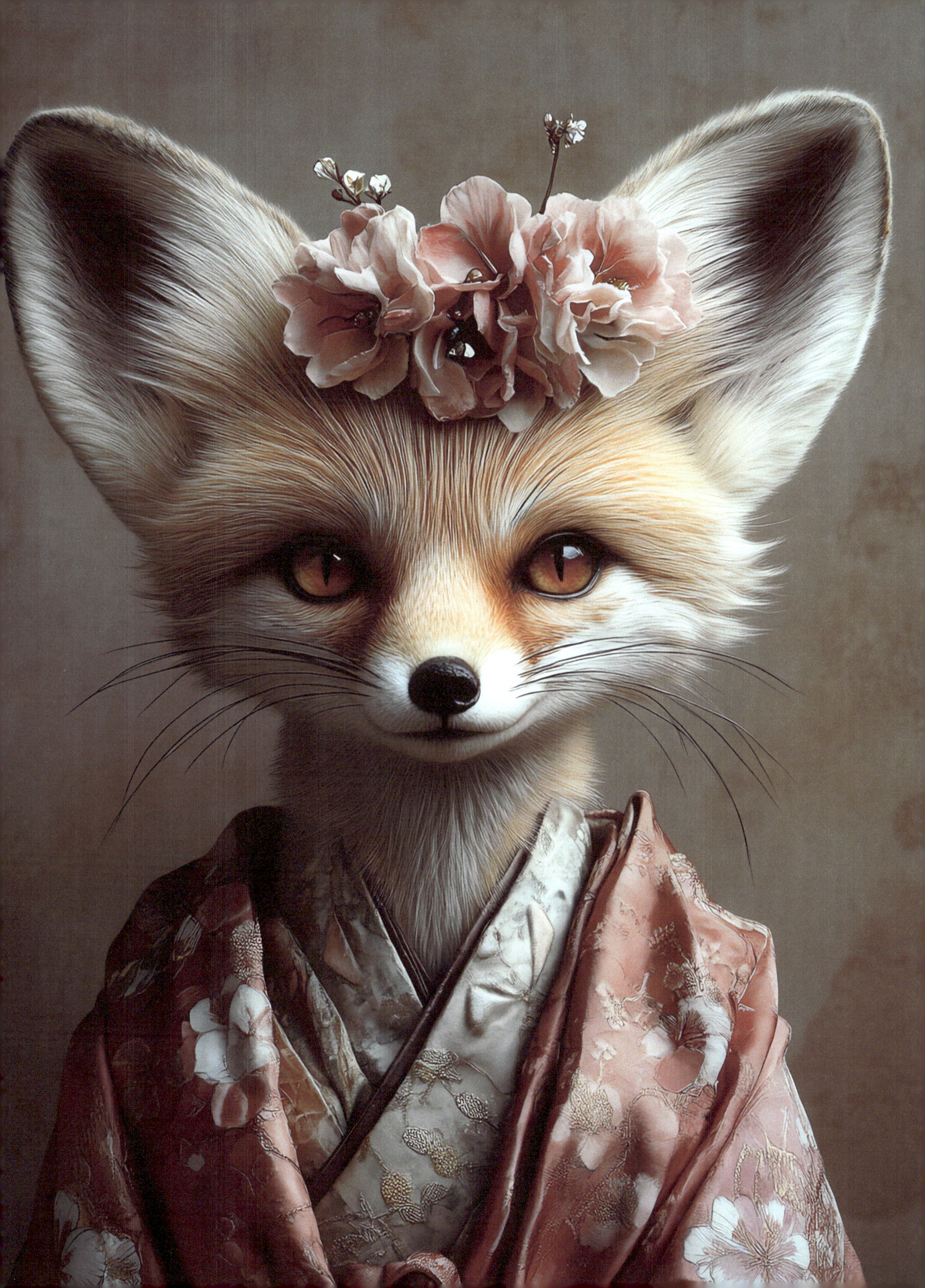

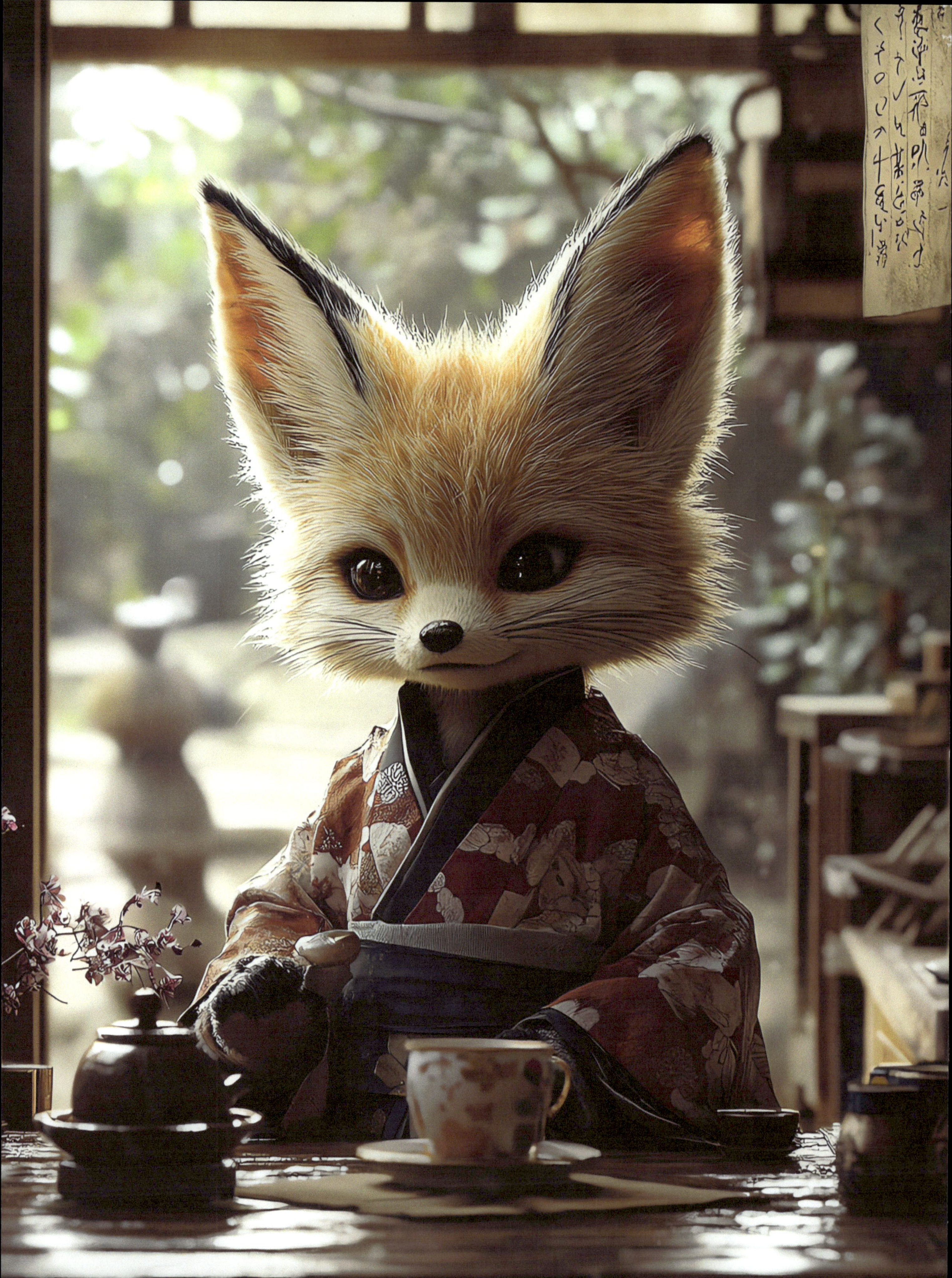

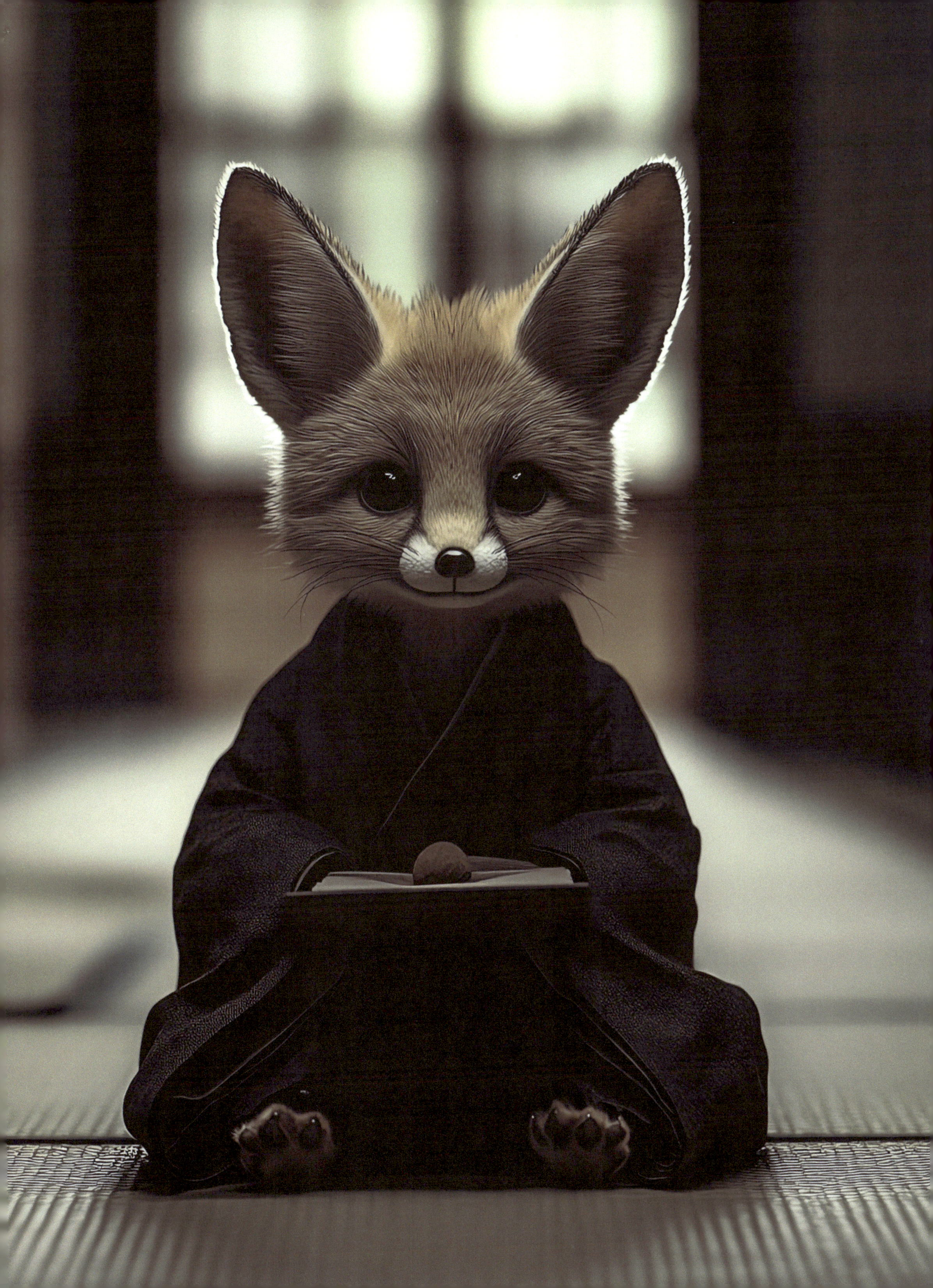

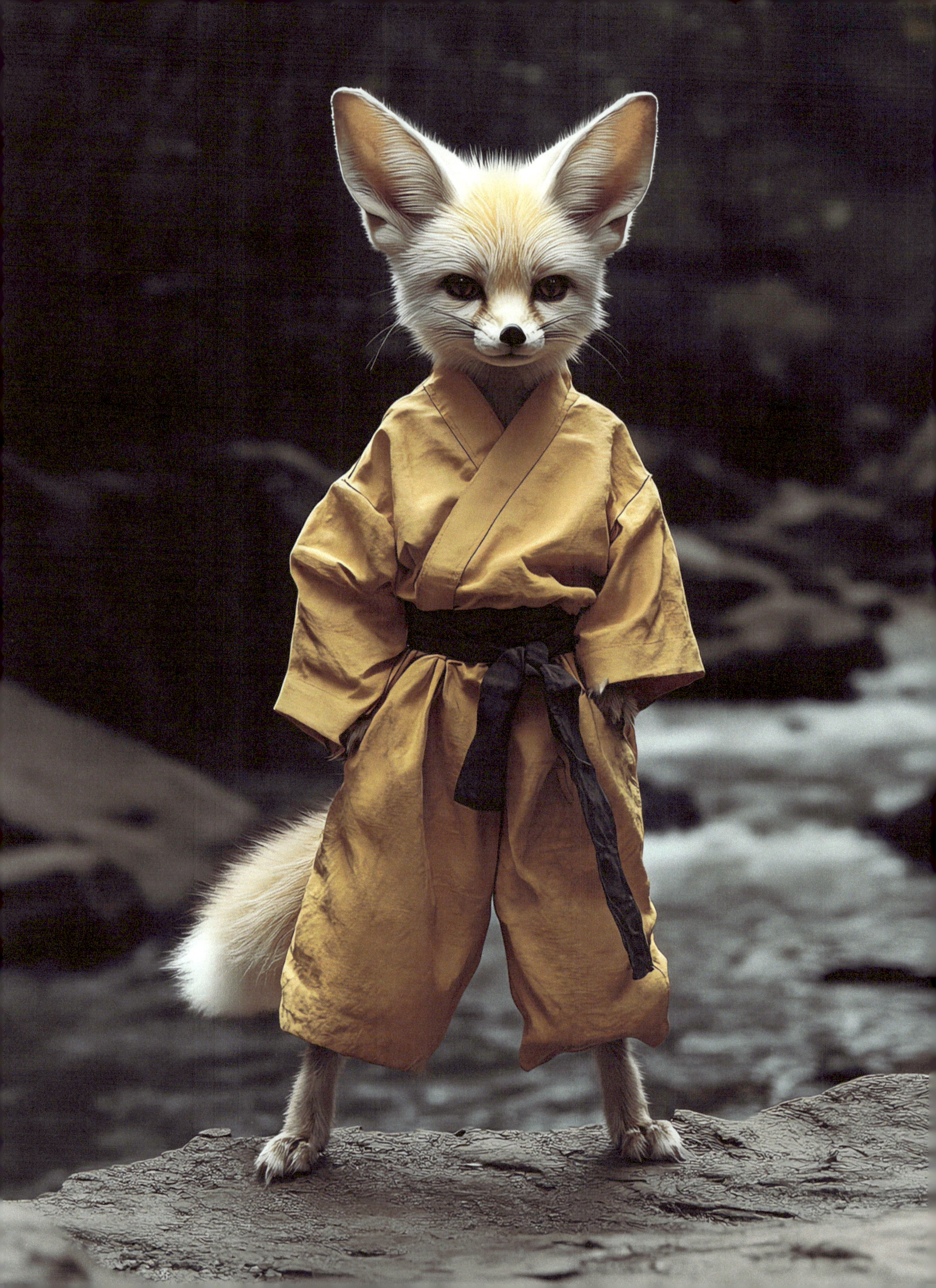

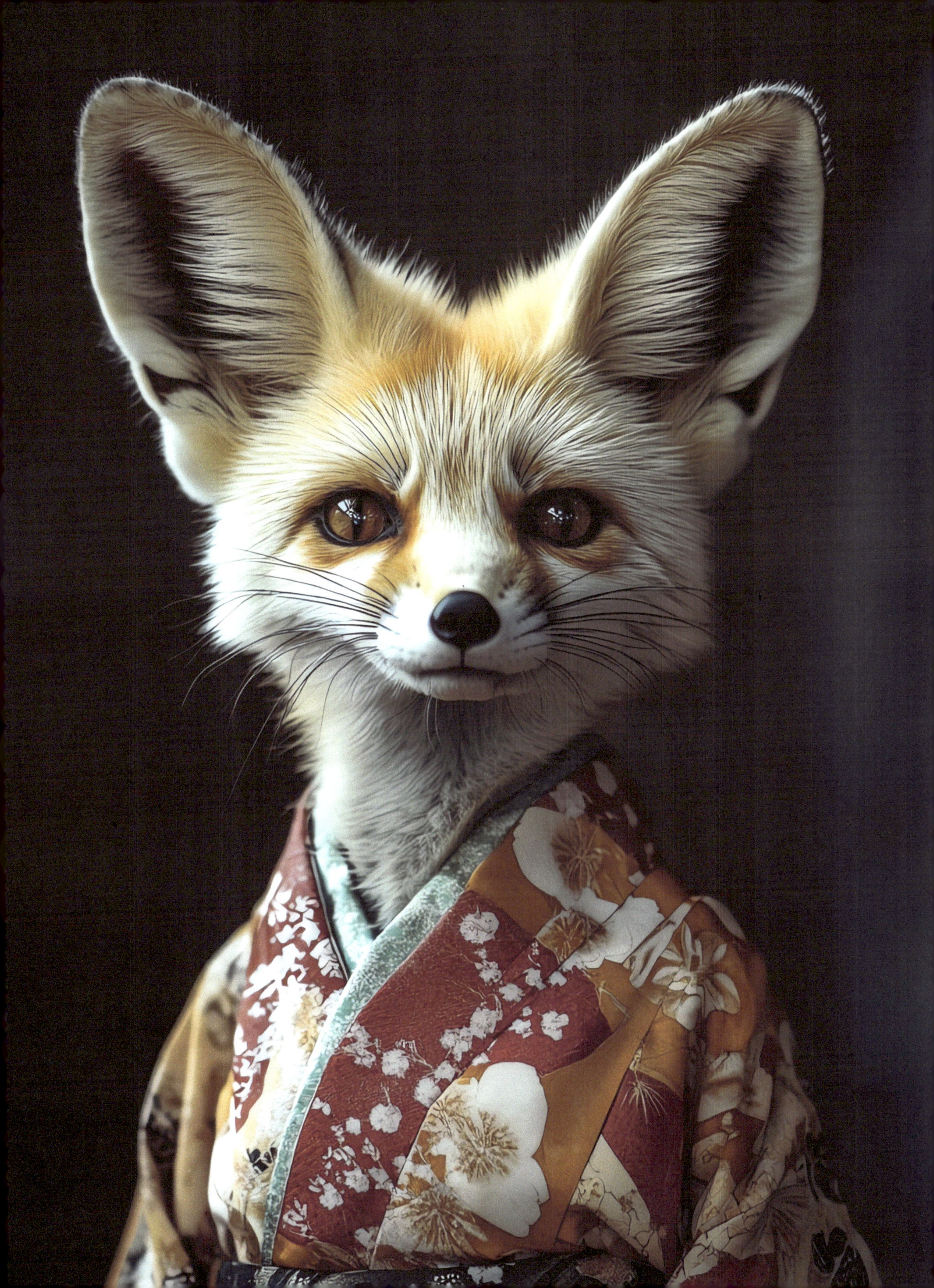

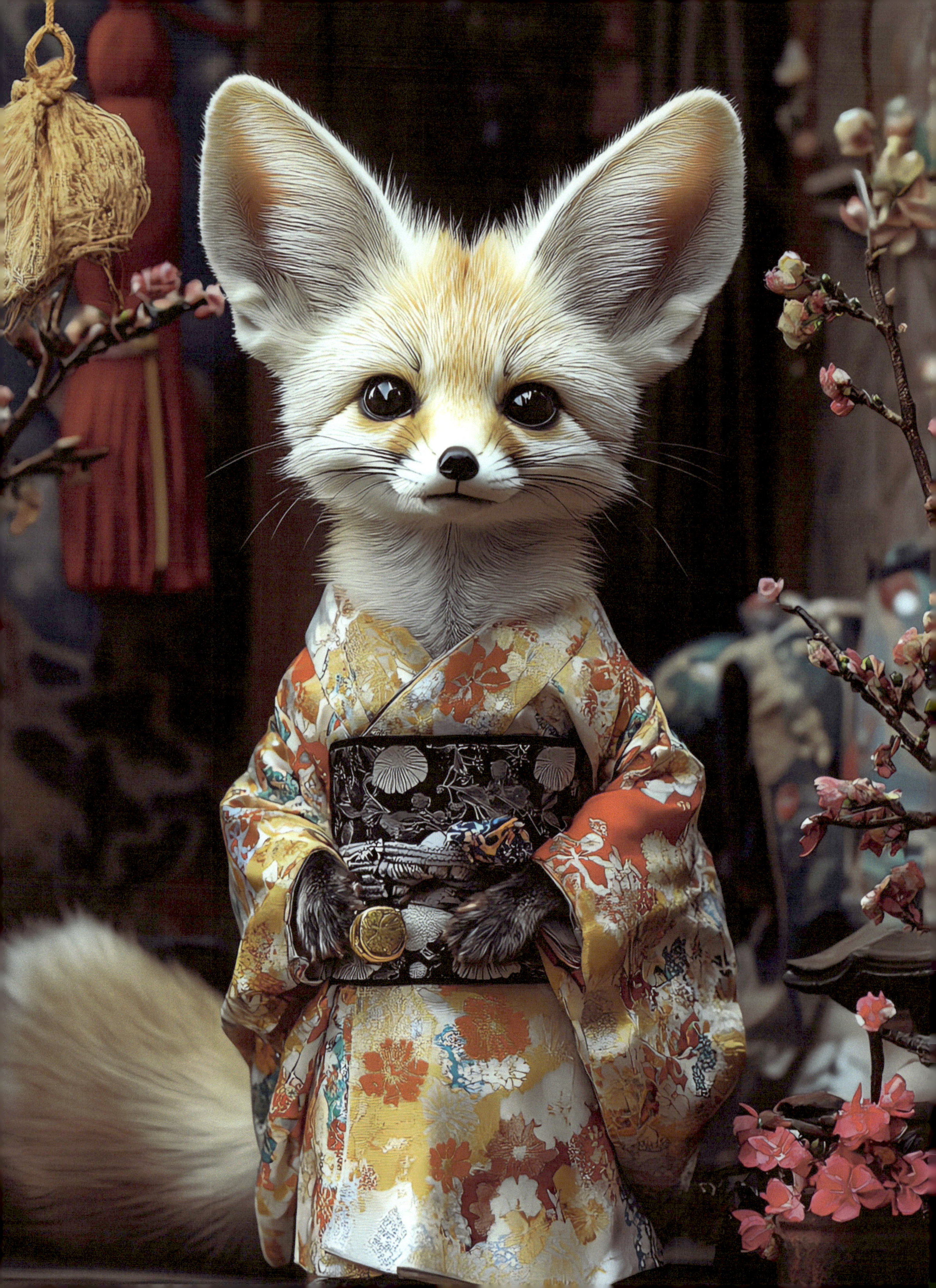

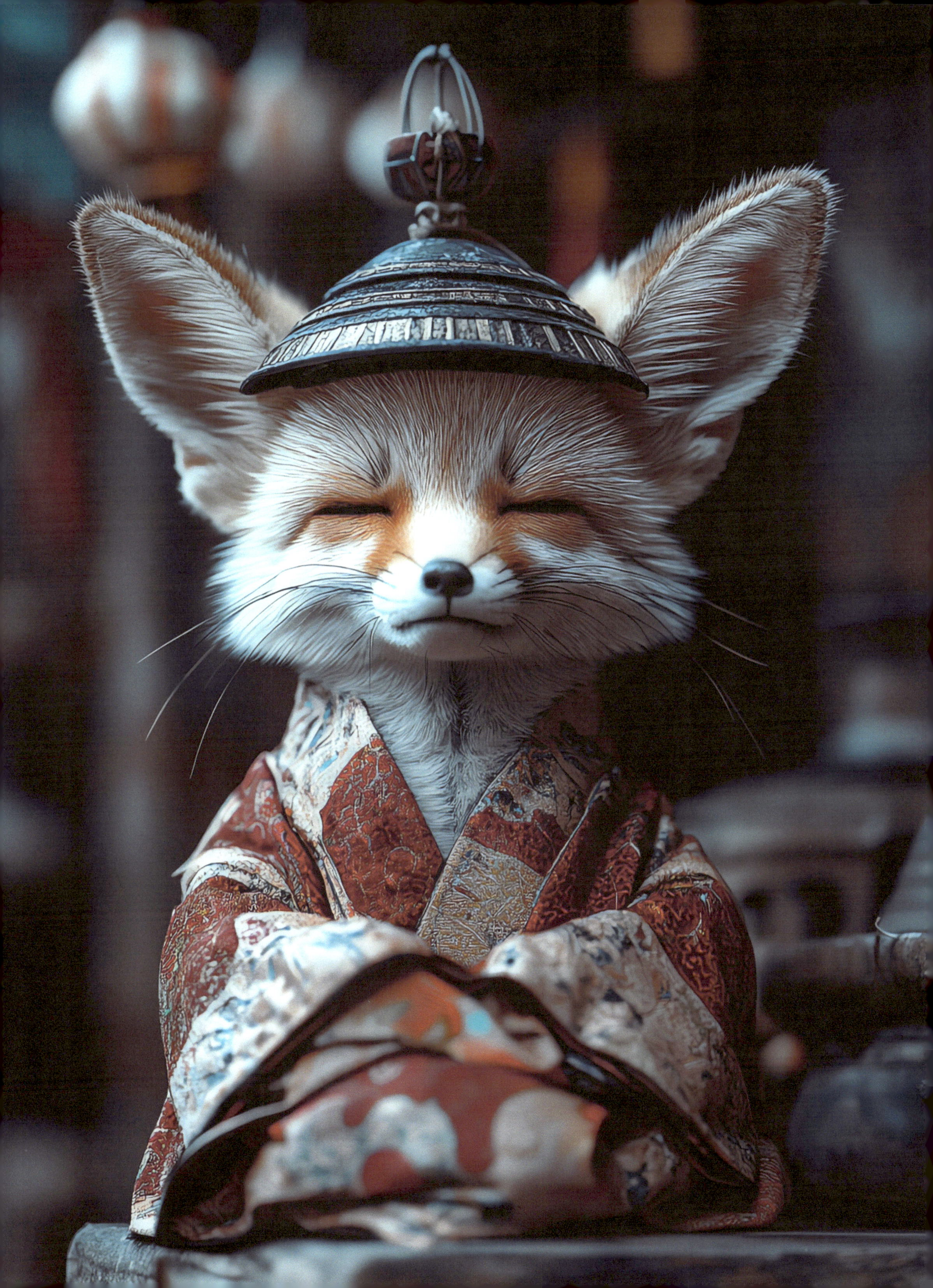

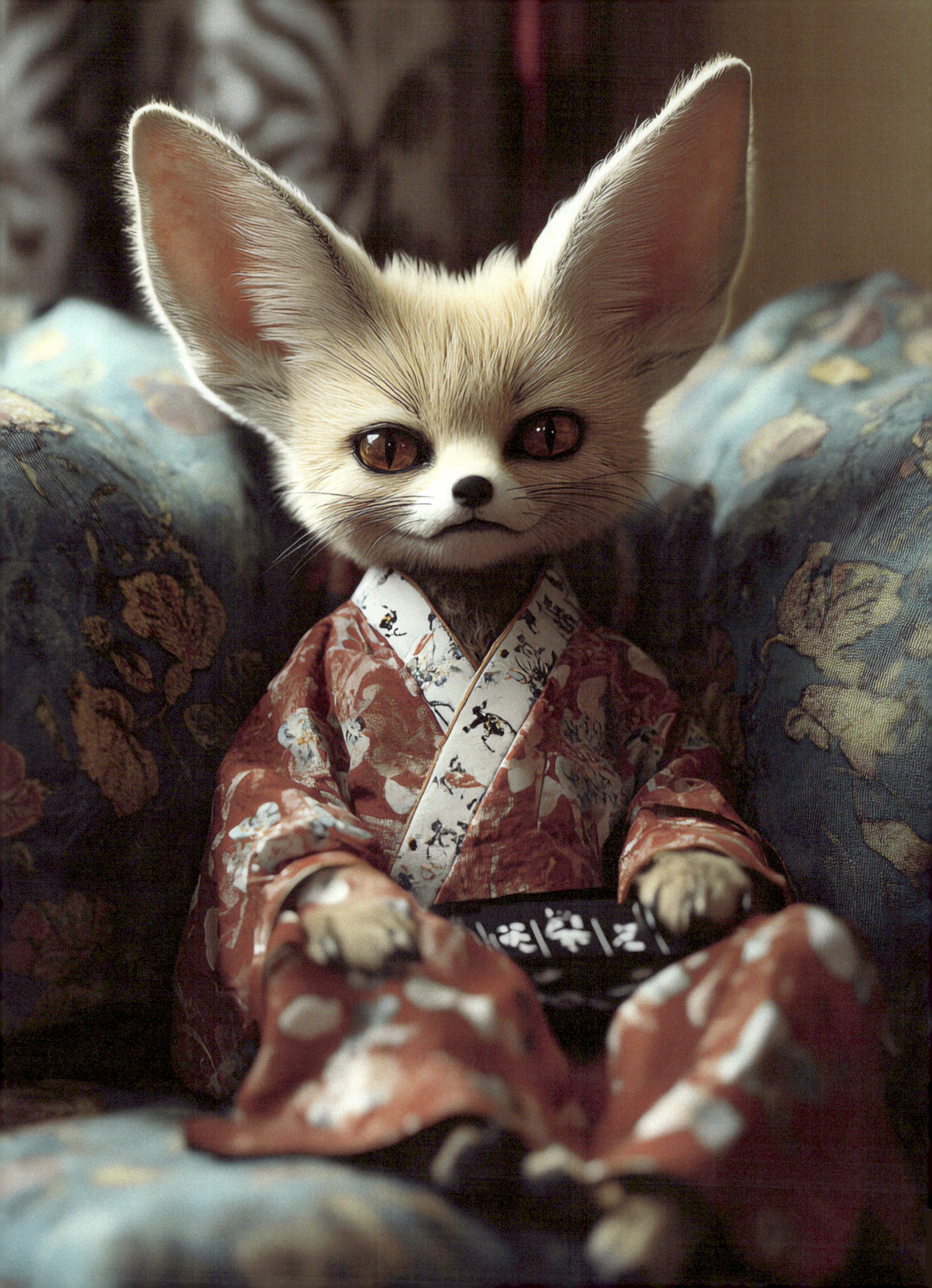

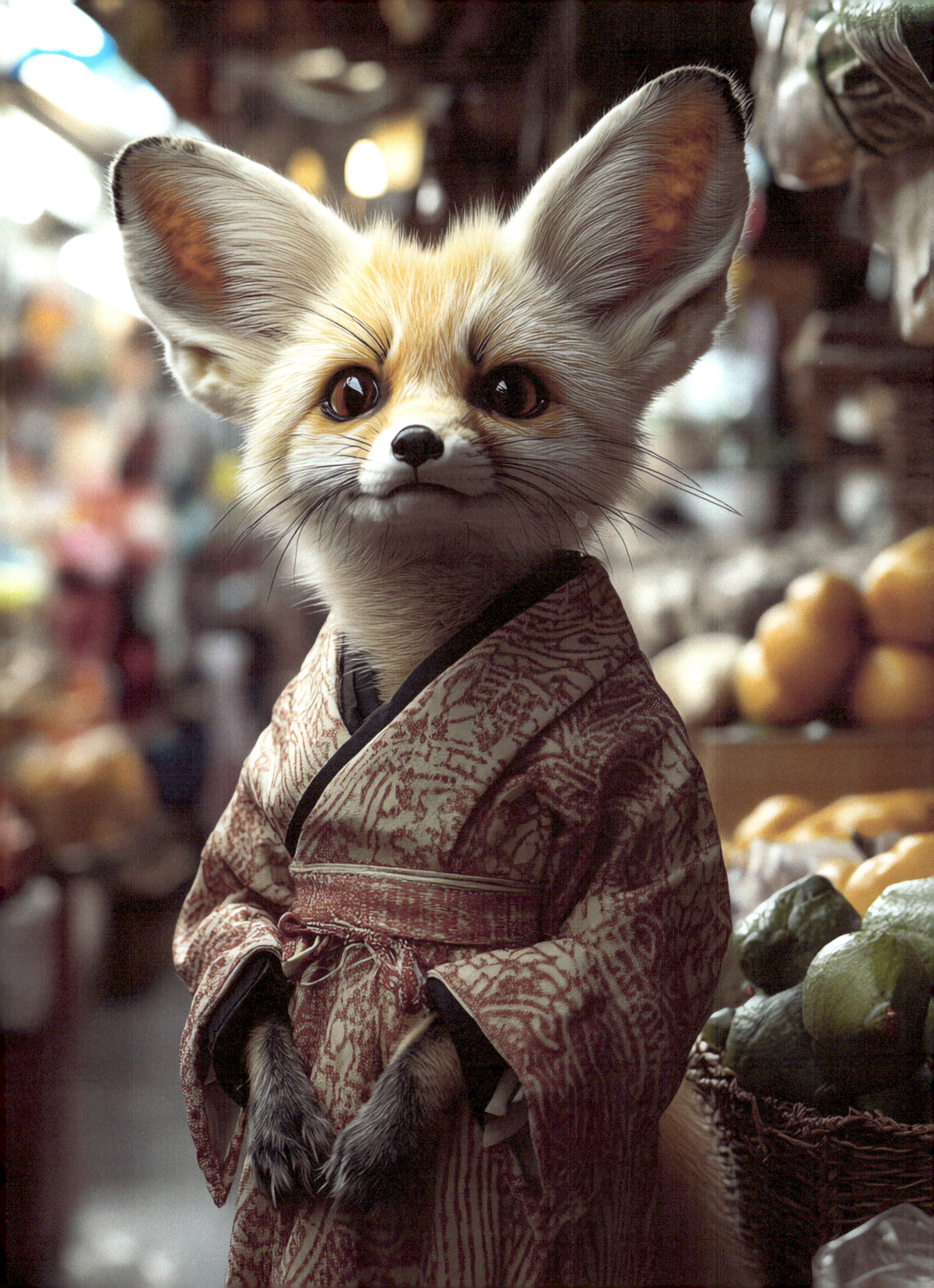

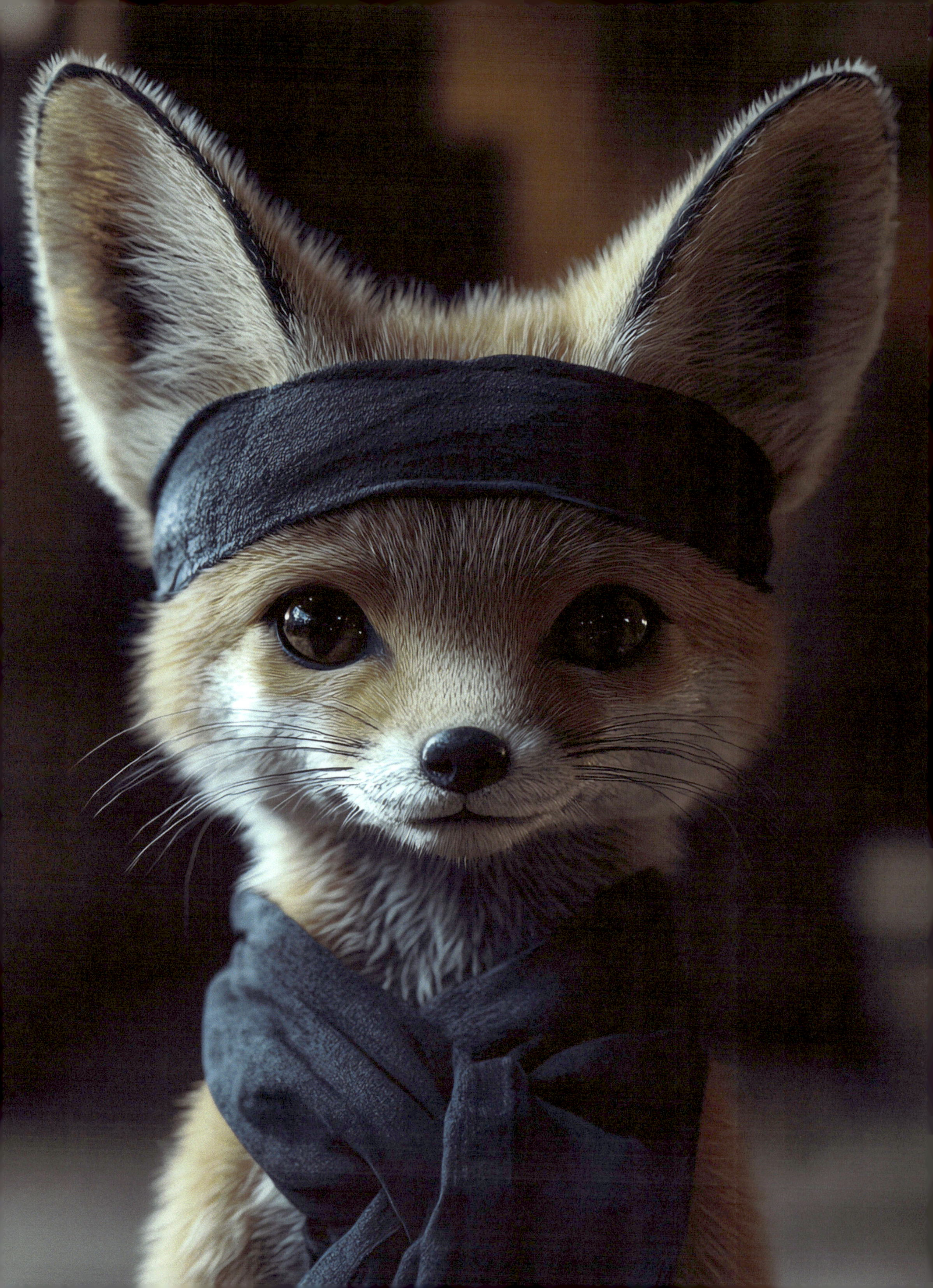

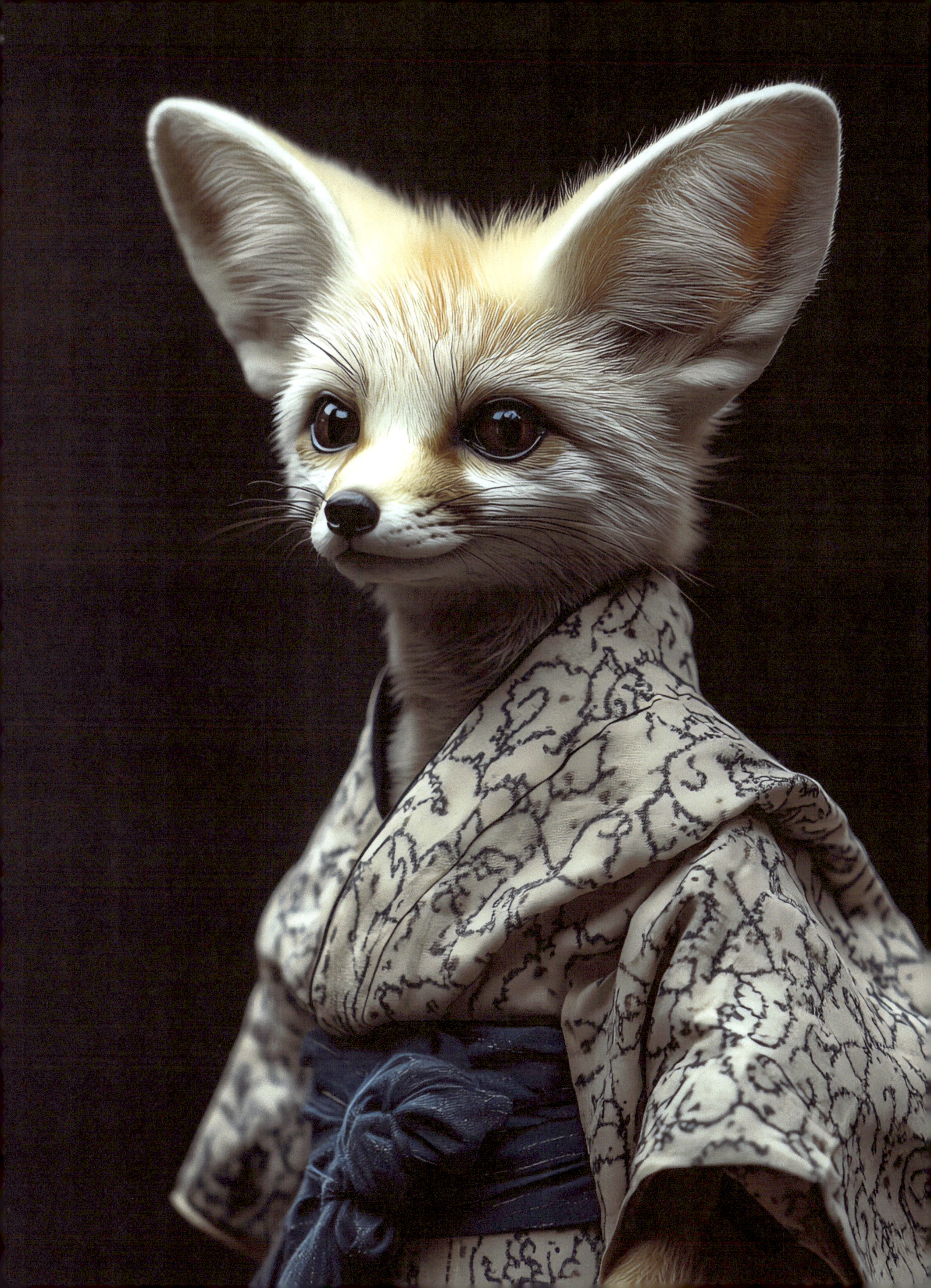

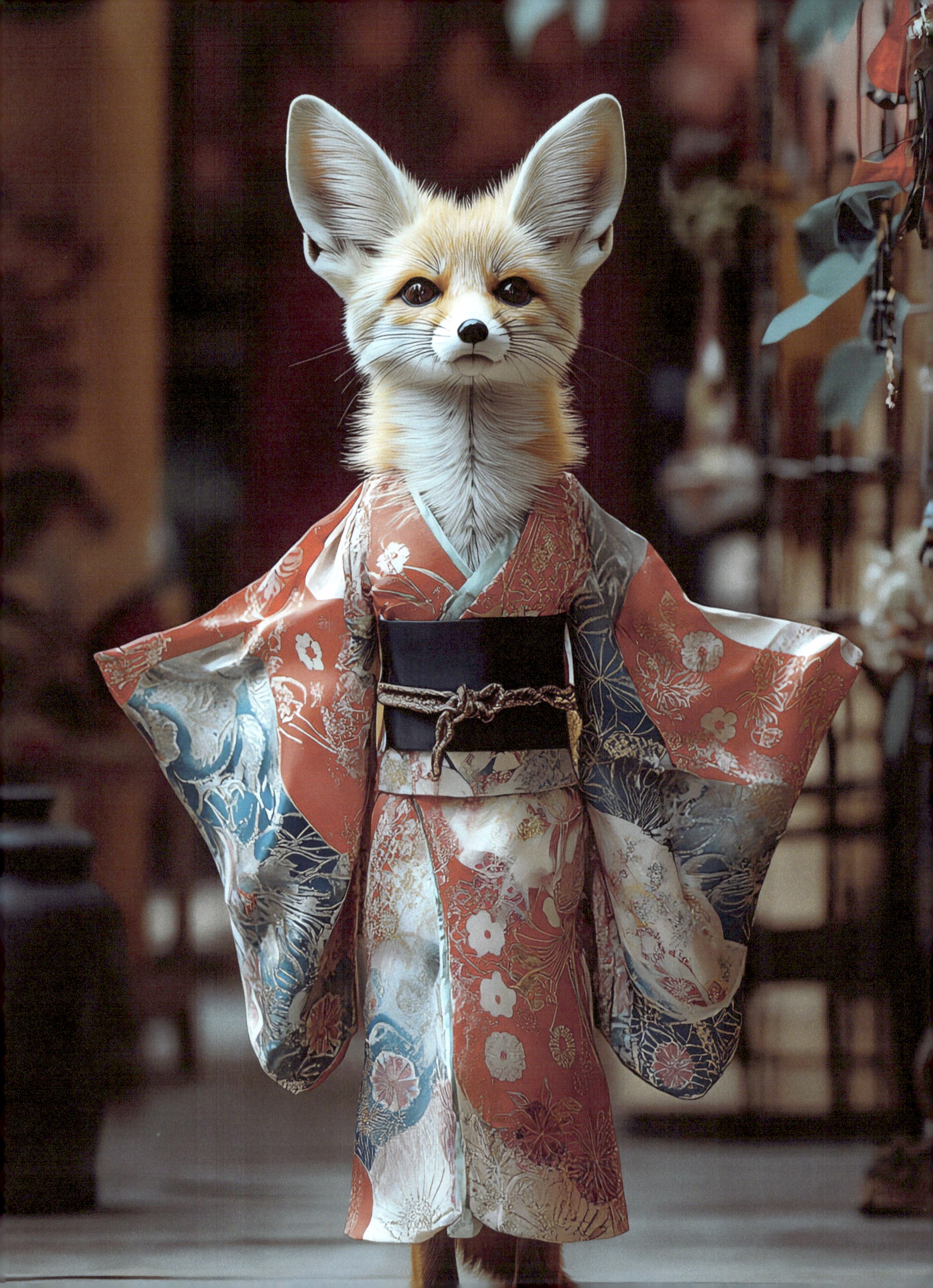

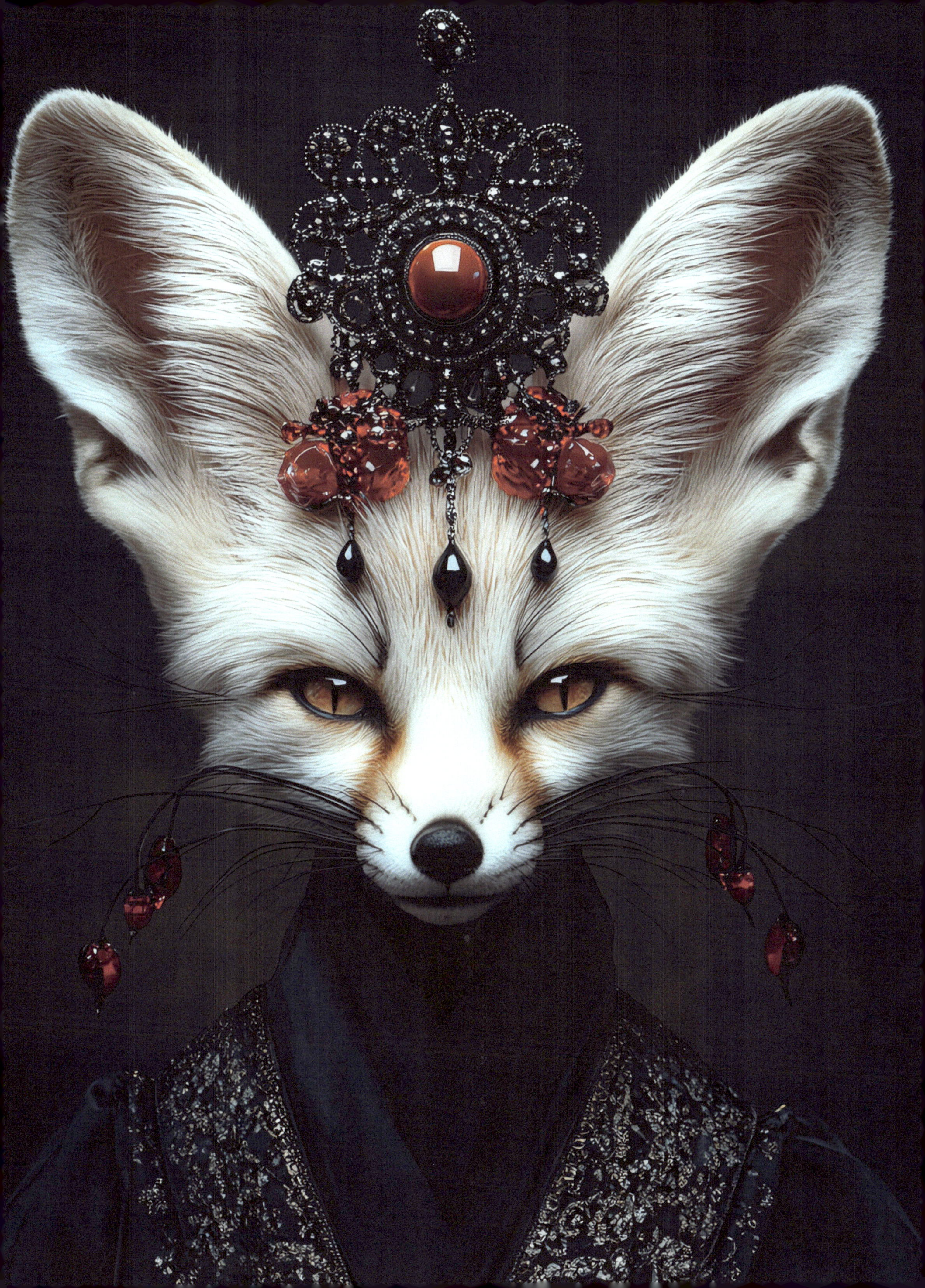

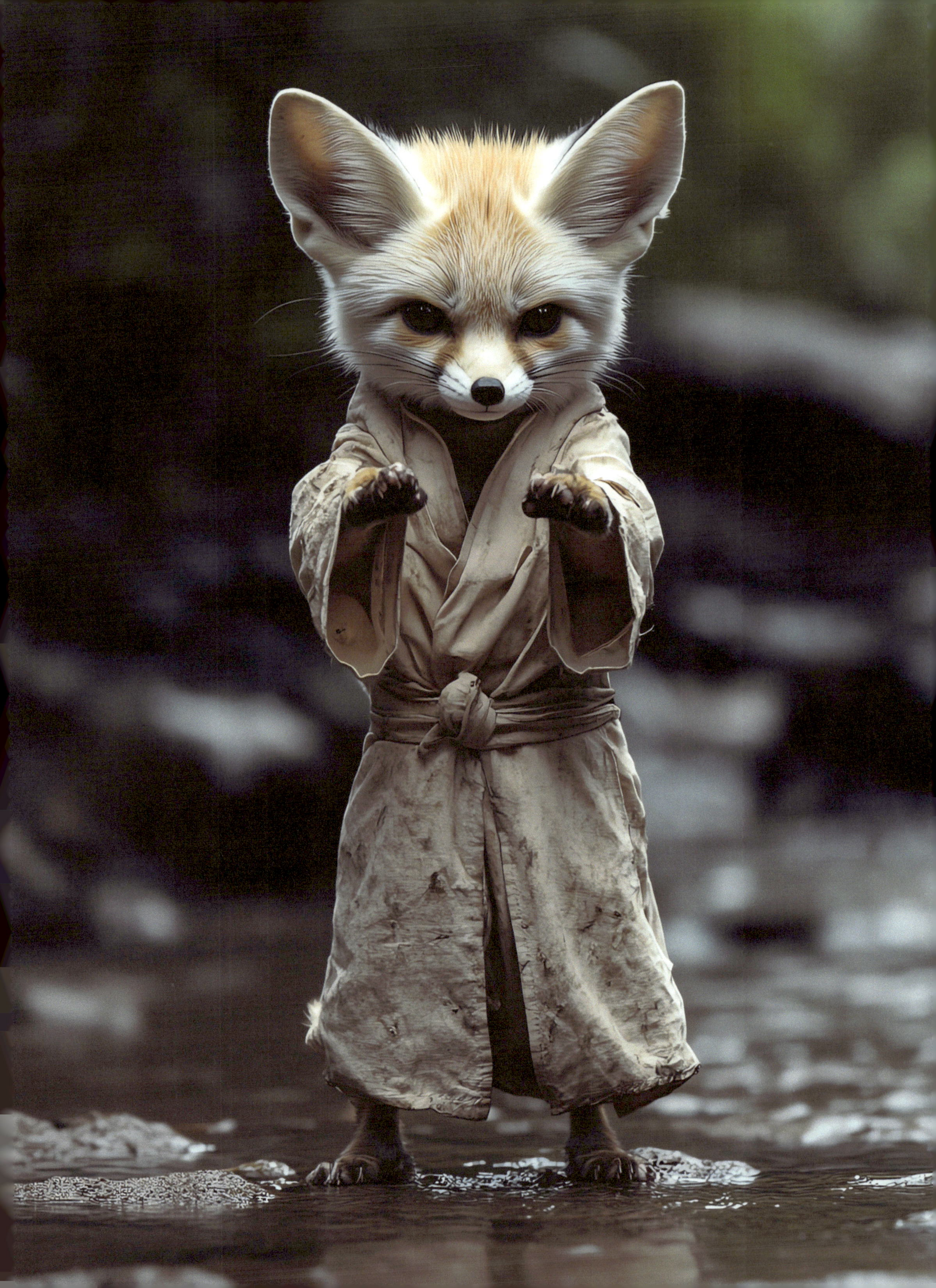

www.ingramcontent.com/pod-product-compliance
Lightning Source LLC
Chambersburg PA
CBHW040429220526
45473CB00004B/1393
* 9 7 9 8 3 0 3 6 7 0 3 4 1 *